U0612448

藏书文化系列丛书

中外名人藏书票

寸纸盈香

上

嘉德艺术中心 编 国家图书馆出版社

图书在版编目（CIP）数据

寸纸盈香.卷一,中外名人藏书票 / 嘉德艺术中心
编. — 北京：国家图书馆出版社, 2024.1
ISBN 978-7-5013-7853-1

Ⅰ.①寸… Ⅱ.①嘉… Ⅲ.①书票—世界—图集
Ⅳ.①G262.2-64

中国国家版本馆CIP数据核字(2023)第174057号

书　　名　寸纸盈香（全二册）
著　　者　嘉德艺术中心 编
策　　划　寇 勤 李 昕
责任编辑　王燕来　王佳妍
特邀编辑　杨 涓 严 冰
装帧设计　李猛工作室

出版发行　国家图书馆出版社（北京市西城区文津街 7 号　100034 ）
　　　　　（原书目文献出版社　北京图书馆出版社）
　　　　　010-66114536　63802249　nlcpress@nlc.cn（邮购）
网　　址　http://www.nlcpress.com
经　　销　新华书店
印　　装　北京雅昌艺术印刷有限公司
版次印次　2024 年 1 月第 1 版　2024 年 1 月第 1 次印刷
开　　本　787×1092　1/16
印　　张　24
书　　号　ISBN 978-7-5013-7853-1
定　　价　360.00 元

版权所有　侵权必究
本书如有印装质量问题，请与读者服务部（010-66126156）联系调换。

编委会

主 编：寇 勤

顾 问：韦 力　拓晓堂　黄显功　殷梦霞
　　　　郭传芹

编 委（按姓氏笔画排序）：
　　　　王伟铭　王若舟　王 娟　王景睿
　　　　王燕来　安 行　杨 涓　严 冰
　　　　顾维洁　康剑飞　葛 良

藏书的风雅

藏书印和藏书票的使用，在海内外藏书文化史上都有着非常悠久的历史。古人在藏书上钤印，最初的目的是表明此书为印主所有。随着藏书文化的发展，藏书印有了更高的艺术性，精练的文辞背后传递着历代文人的情感和心声，甚至有"藏书必有印记"之说，是中国藏书史上一种独特的审美。藏书票则是来自西方文化的传统，它始于十五世纪的欧洲，同样彰显票主对书籍的所有权。藏书票在 20 世纪初进入中国，备受鲁迅等新文化运动文人的推崇，经过百余年的使用和演变，如今也成为了中国藏书文化中不可或缺的门类，与藏书印一起，担当文化和艺术传播的工具，提示着人们对于书籍这一文明载体的重视和珍爱。

第二届"嘉德国际艺术图书展"的藏书文化特展，主角是这些小小的藏书印和藏书票——钤印于 85 本古籍珍本上的藏书印、50 方珍贵藏书印原石，以及 10 枚国家图书馆所藏藏书票和 210 枚中外名人藏书票。它们跨越中西方漫长的藏书史，于方寸之间，与书籍有着见微知著的密切联系，将历代藏书家、文人、艺术家的情感、情怀流传至今，展现了丰富和立体的历代藏书文化。另外，此次特展还特邀 53 位当代著名艺术家创作了藏书票作品，与历史上知名的藏书印和藏书票一同呈现。这一探索产生了全新的效果和想法，不仅展示当今书籍艺术更加多元而包容的技术和审美，更是为藏书这一历史悠久的文化提示出不断演进和发展的未来想象。

嘉德艺术中心总经理

寇勤

我的藏书票之缘

我的藏书票之缘来自于我的工作。1989 年，我所在的上海图书馆与上海版画协会合作，在本馆举行了一个中外藏书票启蒙展，我在此不仅观赏了斑斓缤纷的藏书票，还看到了陈列其中贴有藏书票的馆藏外文图书。这个展览对我具有深刻的启蒙性，感到图书馆人应该了解藏书票，利用藏书票，它作为藏书持有者的标志，是值得关注的藏书文化对象。

于是，我收藏了第一本藏书票图录：学林出版社的《一百零一人藏书票选》，我从中体验到了独特的藏书艺术熏陶，对我之后推广藏书票有奠基之功。1993 年，我受命兼任创建文达书苑，为增添图书馆书店的特色，我将藏书票列为图书营销的主要攻略之一，邀请本馆美工组的罗天运、张鹏程两位画家为书店创作藏书票，我提供了《一百零一人藏书票选》一书供他们参照设计。年底书苑开张，我们用来赠送购书者的首批四张藏书票赢得了交口称赞。吴世文副馆长见此，为我引荐了著名画家杨可扬、林世荣两位先生，在他们的指导与帮助下，我与藏书票正式结缘，至今恰好30 年。

从走近藏书票到结缘藏书票，对我的工作和个人爱好也随之产生了意想不到的影响。在我多年组织藏书票创作、展览、研究、出版、宣传和销售的过程中，最令我有成就感的是为上海图书馆征集收藏了数量可观的藏书票与版画作品，以及通过藏书票为联谊媒介，成功地将各界文化名人的众多手稿收入本馆的中国文化名人手稿馆珍藏。其一幕幕难忘的经历，成为我职业生涯中最珍贵的记忆。在此感恩上海图书馆为我从事藏书票推广工作所提供的平台和支持。

当国家图书馆出版社王燕来推荐我参加嘉德国际艺术图书展的"藏书的风雅——藏书印与藏书票特展"后,我在遴选参展书票作品时,触物生情,往日的藏书票奇遇历历在目,曾经的五味杂陈甘苦自知。本次参展的文化名人藏书票,除自己收集的之外,许多是我策划创作的作品,一张张书票蕴含着我与艺术家和票主的情谊,书票中隐藏的一个个故事,如密码般镌刻在我的岁月年轮中。如今展开,百感交集。令我欣慰的是,其中的不少藏书票得到了票主的认可,并运用于自己的图书上,成为他们的个性标志。

我的藏书票收藏始于1993年。通过定制、交换、购买、受赠,逐步积累了一批藏品,但我不是藏书票收藏家,虽然中国藏书票研究会官网初建时,将我列为两位收藏家之一,而我至今未曾自诩。我只是因为爱书和我的工作,所以才喜欢藏书票。

感谢嘉德国际艺术图书展的邀请,为我的藏品提供了展示机会。这是对我从事藏书票推广工作30周年最有意义的纪念与鼓励。

愿大家读书、爱书、藏书,喜欢藏书票。

上海图书馆研究馆员
黄显功

目录

国家图书馆所藏藏书票选萃

伍连德藏书票

票主：伍连德
尺寸：80×130mm

票面主体以中国山水画为题材，描绘了一位书生在群山松柏间读书的场景。画面右下角有印章，刻有"卫生教育会藏书"字样。票面下方写有使用机构名称：The Library of Council on Health Education, Shanghai, China。

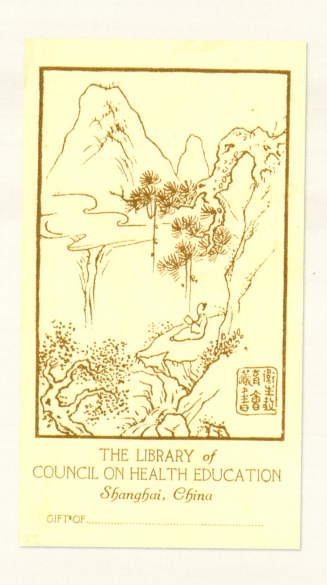

THE LIBRARY of
COUNCIL ON HEALTH EDUCATION
Shanghai, China

GIFT OF ....

伍连德藏书票

票主：伍连德
尺寸：60×100mm

藏书票的使用者为公共卫生学家伍连德先生。票面中心是一枚方形印章，以篆书字体刻有"伍连德书楼"字样。印章上下由花朵、枝条组成的装饰图案对称分布，图案上配有条幅，写有"Wu Lien Teh"及"Library"字样。

邝富灼藏书票

票主：邝富灼
尺寸：70×90mm

该藏书票的使用者为民国时期上海商务印书馆编辑所英文部主任、英文专家邝富灼先生。票面主体为一册古籍，周围有交叉放置的毛笔及绸带，四角有回字纹饰，左、右边框分别印有"His Book"和"请还原主"字样。票面上、下方写有邝富灼先生的中英文名字：Fong Foo Sec、邝富灼。

宋春舫藏书票

票主：宋春舫
尺寸：70×80mm

褐木庐系宋春舫藏书室名称。宋春舫是一位藏书家，被誉为"世界三大戏剧藏书家"之一，其书房"褐木庐"主藏国外戏剧书刊。"褐木庐"是"Cormora"音译，"Cor"即高乃依"Corneille"，"Mo"即莫里哀"Molière"，"Ra"即拉辛"Racine"，此三者为宋春舫所喜欢的三位戏剧家。两支鹅毛笔交叉放于墨水瓶前，与上方刻着"褐木庐"三字的中式牌楼相映成趣，显示出藏书票主人学贯中西的独特身份。书票下方空白处写有书籍编号。

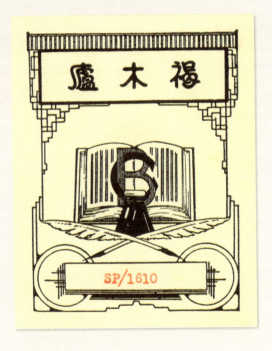

宋春舫藏书票

票主：宋春舫
尺寸：100×130mm

票面构图简洁醒目，在书票中心刻有篆书"春舫藏书"四个大字，四灵图案与篆字相搭配，呈现出一种东方艺术之美。宋春舫使用较多的是"褐木庐"藏书票，此种藏书票实为稀有。

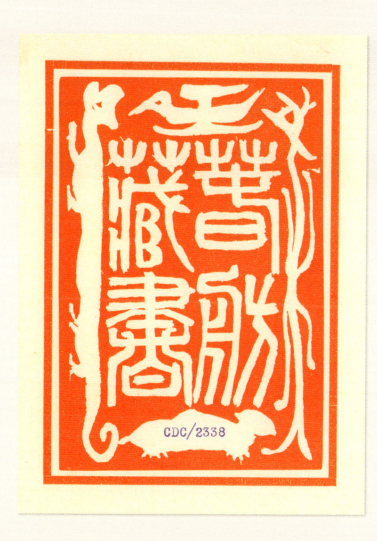

CDC/2338

国立北平图书馆藏书票

尺寸：120×80mm

票面所绘为今中国国家图书馆古籍馆文津楼图案，殿前两华表赫然矗立，四周有装饰方框。藏书票的使用者为中国国家图书馆的前身国立北平图书馆。

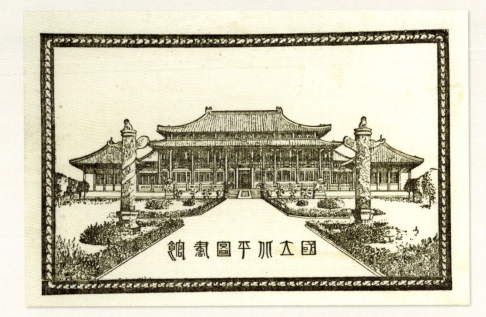

金陵大学图书馆藏书票

尺寸：80×110mm

该藏书票为双语藏书票。票面主图为赑屃驮石碑的图案，碑上刻有"Keen Memorial Collection"和"The University of Nanking Library"字样；碑的上部雕有龙纹装饰并醒目篆书"亲愚"二字。票面两侧附文："四海之内皆兄弟也"及"天下一家万国一人"。

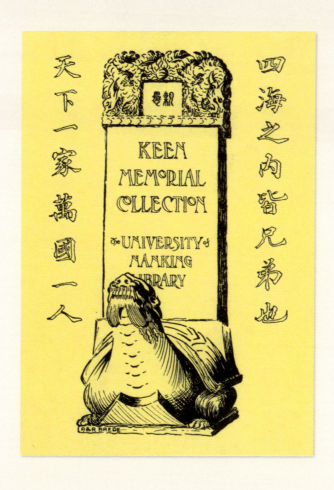

郑麐藏书票

票主：郑麐
尺寸：80×130mm

藏书票构图简洁，正中的黑框内印有八个篆体文字：“相衡郑麐藏书之章”。

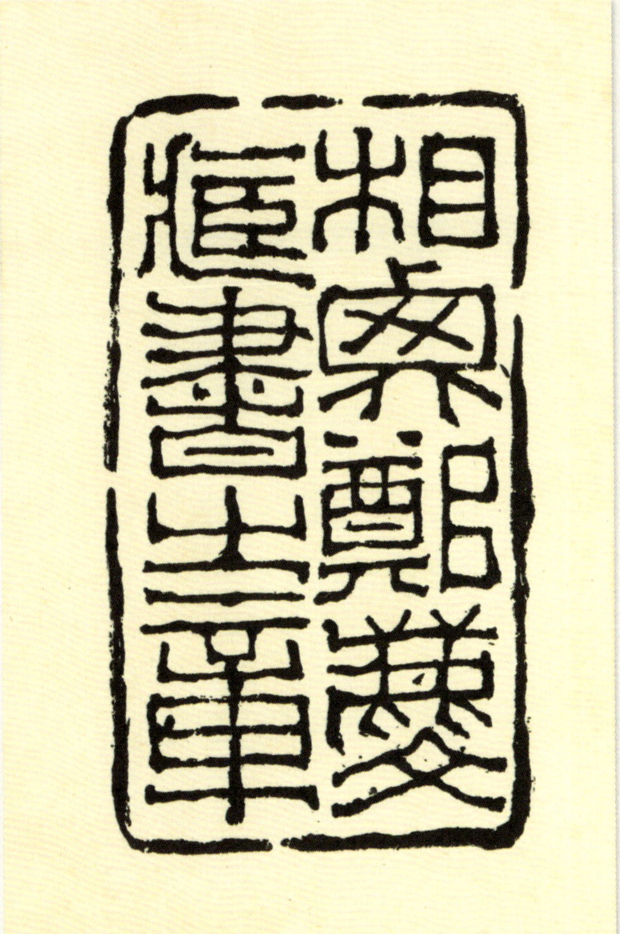

关祖章藏书票

票主：关祖章
尺寸：70×110mm

票面上方醒目位置写有"关祖章藏书"五个大字。关祖章藏书票一般认为是国人使用的第一枚藏书票。其使用者关祖章是广西苍梧人，他在美国的留学经历和他本人对于古代文物收藏的兴趣爱好，使得他能够较早地接触并使用藏书票。此枚书票正是他留美时期所使用的。票面流露出浓郁的中国传统文化气息，构图考究，独具东方特色。票面主图为一位头藏方巾的书生站在书房之中查找文献的情景。只见他脚边散落着古籍，身后微弱的烛光照亮了整间书房。书生身旁是整架的线装书和卷轴。前方地面，大小两只书箱上分别写有"书林"和"书易"。左侧地面上还放着一把剑和其他杂物。

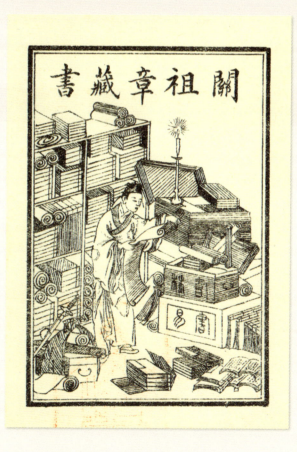

陆徵祥藏书票

票主：陆徵祥
尺寸：80×100mm

　　票面主体为一男子跪于墓前祷告的画面。画面中央的墓碑上刻有"陆公墓"三字，墓碑被鲜花、古柏包围，其后的墓庐上方立有十字架。票面上方写有"慕庐""EX LIBRIS"字样；下方有"慎独藏书"四字及"NO.""L.""R."字样；两侧有砖墙作装饰，并悬挂了一副对联，上书"子欲养亲不在，述哀思告千载"。据推断该藏书票应为中国近代著名外交官、天主教徒陆徵祥所使用。

国内名家藏书票

exlibris

臧克家

作者：梁栋
技法：X1/3
尺寸：65×74mm
时间：1986

　　"我，一团火，灼人，也将自焚"。这是刻在臧克家墓碑上的诗。1986 年的冬日，梁栋拜访臧克家，见屋中生着火炉，问"为何不用暖气呢？"诗人回答"我爱炉火"。于是，作者领悟了其中的深意，设计了火焰画面的藏书票。

贺敬之

作者：罗惠娟
技法：X1
尺寸：109×82mm
时间：2014

　　诗人贺敬之的《回延安》以丰沛的热情歌颂了延安的革命岁月。作者取延安最具地理标志性的宝塔山与延河入画，衬托了诗人的革命生涯背景，将诗人"几回回梦里回延安"，以实景展现在眼前。

欧阳江河

作者：包叶舟
技法：P3
尺寸：135×95mm
时间：2014

　　票主是一位对 20 世纪 90 年代以来中国诗坛产生重要影响的诗人，曾获"华语文学传媒大奖 2010 年度诗人"称号。作者取义于名字，选择水作主题。写实的起伏波浪与抽象的水平延伸的天空，形成海天分割的对比，可令人体悟诗的澎湃力量。本书票使用照相凹版技法。

王寅

作者：包叶舟
技法：P3
尺寸：140×97mm
时间：2014

　　本书票采用了票主的摄影作品。票主说："树叶落尽的树木在河流中的倒影，犹如一束去年的干花，曾经盛开过，曾经炫目过，如今只是随着流动的波光安静地漂浮。王寅，2012 年 4 月摄于阿姆斯特丹。"

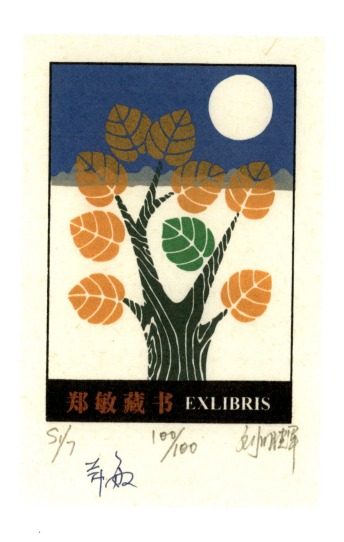

郑敏藏书 EXLIBRIS

S1/7   100/100

郑敏

作者：刘明辉
技法：S1/7
尺寸：95×67mm
时间：2014

　　2014 年作者为诗人郑敏设计藏书票时，她已 95 岁，是"九叶派"仅存的一位诗人。作者采用曹辛之为《九叶集》设计的封面图案，只留一片为绿色，喻为票主是"九叶派"诗人的最后一片绿叶，其他已凋零了。

X1 张嵩祖 05/11

白桦

作者：张嵩祖
技法：X1
尺寸：95×60mm
时间：2009

　　白桦，诗人、作家、编剧，原名陈佑华。当他见到作者要刻白桦林画面为藏书票时，提出树少些，再少些，"只要一棵！"不屈的白桦树是诗人的人格象征。面对书票，我读懂了诗人晚年的作品《一棵枯树的快乐》。

邵燕祥

作者：徐龙宝
技法：X2
尺寸：72×55mm
时间：2016

　　我多次收到邵燕祥的赠书，曾登临他的书房，聆听他对历史的思考。他的诗《假如生活重新开头》给了我如何对待人生的勇气。我请版画家为他刻出这张细密的木刻藏书票时，诗人也表示欣赏，也许人生的期望是静待花开。

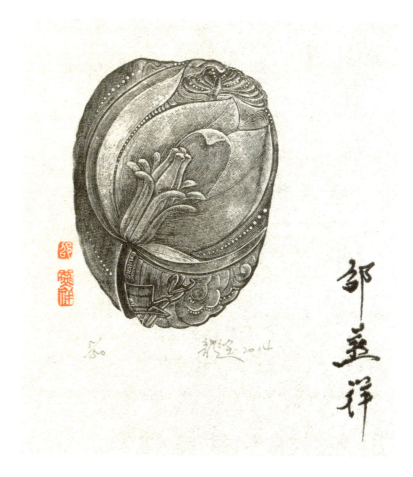

艾青

作者：莫测
技法：S1/4
尺寸：95×83mm
时间：1985

　　诗人艾青在一次会上自我介绍说："我是学画的，可没想到如鸡卵变成了鸭蛋，写了诗。"莫测受此启发创作了本作品。票主在书票边上曾题词"上帝与魔鬼都是人的化身"。

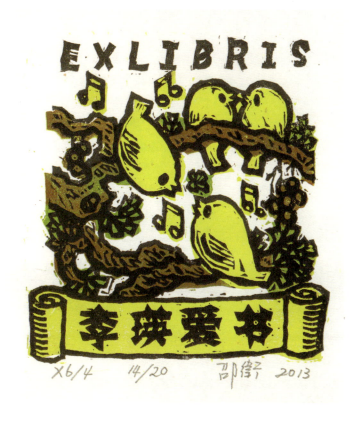

李瑛

作者：邵卫
技法：X6/4
尺寸：95×95mm
时间：2013

　　如何为军旅诗人李瑛设计藏书票？作者曾读了不少他的作品，本拟从军旅诗中提炼画面，后按票主的花鸟要求完成了创作。本书票中鸟在松枝上放声的情景，正是诗人晚年热爱自然的心境写照。

痖弦

作者：张子虎
技法：X6
尺寸：75×122mm
时间：2014

　　诗人痖弦少年时曾坐着牛车随父送书
下乡，每到一处，便敲锣通知人们来借书。
据此《痖弦评传》中的描述，我委托张子
虎为诗人创作，他完成了这张生动的木刻
套色藏书票。

X6

痖弦

作者：张子虎
技法：X6/2
尺寸：118×82mm
时间：2014

　　对于我特别关注的这个早年图书馆流动车服务的事例，作者又深入了解了诗人的生平，发现他的故乡是河南南阳，那里正是闻名的画像石出土地。于是又创作了这张拓片效果的作品。

龙彼德

作者：董介吾
技法：X1
尺寸：103×120mm
时间：2014

　　龙彼德是一位激情洋溢的诗人、严谨的诗学研究者与诗人传记作家。当我收到他寄来的照片后，请同样有支边经历的版画家为他刻了两张藏书票。单纯黑白中蕴含了诗人的诗情与才情。

XI　　30—4　　龙彼德　　　　董介吾 2014

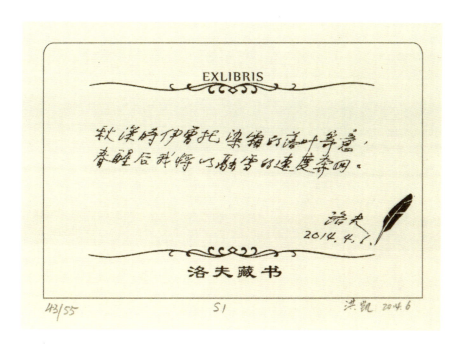

43/55   S1   洪凯 2014.6

洛夫

作者：洪凯
技法：S1
尺寸：65×100mm
时间：2014

　　有"诗魔"之称的洛夫是著名国际华
语诗人，曾获诺贝尔文学奖提名，1996 年
旅居加拿大。这是通过为洛夫写传的龙彼
德联系而创作的书票，采用了洛夫的诗句，
简洁而意味深长。

张香华

作者：徐龙宝
技法：X1
尺寸：95×70mm
时间：2005

　　张香华，台湾诗人、柏杨夫人。《猫眼看人》是张香华赠我的第一本书，此书以诗画的形式回忆了诗人与丈夫柏杨，与传奇猫"熊熊"的经历。因此，当我请人为柏杨创作了藏书票后，心想夫唱妇随，不能不给张香华和"熊熊"也做一张藏书票吧？

柏杨

作者：张嵩祖
技法：X1
尺寸：90×77mm
时间：2005

　　柏杨，台湾作家。柏杨的名著《丑陋的中国人》多次在大陆出版，2005 年作者首次正式授权古吴轩出版社出版，经与柏杨夫人张香华联系，我策划了 100 本限定版，作者按票主提供的照片刻印了本书票。我快递到台湾请票主签名后寄回，在上海随书发行，成为此书大陆正式出版的纪念。

张抗抗

作者：张子虎
技法：X6
尺寸：82×67mm
时间：2012

　　张抗抗，作家。历任黑龙江作家协会副主席、中国作家协会副主席、中国国务院参事室参事等职。获多项全国文学奖项，多部作品被译成英、德、法、俄、日文介绍到海外。出版有《张抗抗中篇小说集》《张抗抗自选集》等。票主与作者家庭交谊深厚，特制此肖像书票。

王安忆
2012年7月27日

X1
2/25 张嵩祖 2009.8.

王安忆

作者：张嵩祖
技法：X1
尺寸：110×127mm
时间：2009

　　上海作家协会主席王安忆是当代著名女作家，其作品在读者中具有广泛影响。作者选取她年轻时在安徽插队与现在的形象创作了两张肖像藏书票，获得了票主的首肯。

叶永烈

作者：徐增英
技法：X1
尺寸：110×75mm
时间：2014

　　叶永烈，作家。曾任中国科协委员，全国青联常委，上海市科协常委，上海市科普创作协会副理事长，世界科幻小说协会理事。早年创作科幻小说、科普作品，后转向纪实文学。代表作有《小灵通漫游未来》《红色的起点》《叶永烈自选集》等大量作品。据票主采访时的照片形象创作本书票。

三毛

作者：陆放
技法：X1/4
尺寸：76×50mm
时间：1989

　　三毛，台湾女作家，旅行家，原名陈平，因受张乐平《三毛流浪记》的影响而取此笔名。代表作有《撒哈拉的故事》《万水千山走遍》等。1989年，票主来杭州，作者与之见面，这张作品的红绿二色，表现了热烈与冷艳。

陈丹燕

作者：林世荣
技法：S1/3
尺寸：67×67mm
时间：1995

　　陈丹燕，作家，发表小说数十部。
1995 年，为纪念票主在广播电台主持的
"十二种颜色的彩虹"节目圆满收官，我
请作者制作了本书票。以红色线条勾勒的
飞燕比喻她的名字，飞翔的形象表示她主
持节目的声音回荡在城市的上空。

肖复兴

作者：张翔
技法：X1/4
尺寸：82×100mm
时间：2013

　　肖复兴，作家。曾任《人民文学》杂志社副主编，《小说选刊》副主编。著有长篇小说《我们曾经相爱》《早恋》《青春梦幻曲》，报告文学集《国际大师和他的妻子》等。作者按票主以四合院为背景的要求，以木刻油印套色技法创作了本书票。

15/50

李敬泽

作者：郑星球
技法：L1
尺寸：114×133mm
时间：2022

李敬泽，中国作协副主席，中国现代文学馆馆长。曾获华语文学传媒大奖。代表作有《颜色的名字》《通往故乡的道路》等。本书票是围绕票主的《青鸟故事集》出版5周年而作，画面涉及该书中西文化交流内容（青鸟在《山海经》是信使），与2022年有整数年份纪念意义：利玛窦出生年1552年，来华时间1582年；《坤舆万国全图》刊行1602年；魏源的《海国图志》初版成书于1842年，1852年扩充为百卷本出版。

格非

作者：郑星球
技法：L1+S1
尺寸：132×117mm
时间：1996

格非，中国作协副主席、北京作协副主席，清华大学教授。代表作有《江南三部曲》等，曾获茅盾文学奖等奖项。因票主喜欢博尔赫斯的作品，作者将此形象作为画面主体，以两位不同时空中的作家签名作为"相遇"的方式，背景的小方格则表现文学、生活与精神思考的抽象符号。《相遇》同时也是票主中篇小说集的书名。

印5/5　　相遇　　L1+S1,　　鄭星球2019

王小鹰

作者：徐鸿兴
技法：X1
尺寸：102×80mm
时间：2014

　　王小鹰，作家，上海文史馆馆员，不仅小说写得好，荣获"五个一工程"奖，人民文学奖，全国优秀中篇小说奖等，而且擅长弹琴。书票中以高山流水觅知音构图，既是意境，也是人生的理想，表示票主的作品赢得了读者的共鸣。

李準

作者：莫测
技法：X1/2
尺寸：65×70mm
时间：1983

　　李準，原名李准，小说家、编剧。历任中国作家协会河南分会副主席、中国现代文学馆馆长、中国作家协会副主席。代表作有《李双双小传》《黄河东流去》等，电影编剧《李双双》《老兵新传》。曾获茅盾文学奖等奖项。

柯灵

作者：杨可扬
技法：X1/5
尺寸：73×70mm
时间：1993

　　柯灵，电影理论家，剧作家，评论家。历任《文汇报》副社长，上海电影艺术研究所所长，《大众电影》主编，上海作协书记处书记。编剧作品有《腐蚀》《为了和平》《海誓》等，有《柯灵文集》六卷行世。

叶辛

作者：林世荣
技法：S1/5
尺寸：103×70mm
时间：1994

　　叶辛，中国作协副主席，上海市作协副主席。出版了数十部作品，代表作有长篇小说《蹉跎岁月》《家教》《孽债》等，并多次获奖。作者据票主在贵州插队十年的经历，以钉耙、白菜代表那一段难忘的时光。

金字澄

作者：徐立
　　　徐龙宝
技法：X1
尺寸：110×103mm
时间：2014

　　金字澄，作家，《上海文学》执行主编，1985年起发表小说，2012年出版的长篇小说《繁花》获得鲁迅文化年度小说奖、施耐庵文学奖、茅盾文学奖等多种荣誉。徐龙宝的版画《繁花》曾获全国美展铜奖，于是我牵手两个同名作品，产生了"繁花"书票。

EXLIBRIS

青春 飞去不回来

瓊瑤匯

扎放 2004　　　陆放

黄显功先生雅存

琼瑶

作者：陆放
技法：X1/3
尺寸：76×50mm
时间：2004

　　琼瑶，作家、编剧、影视制作人。小说作品有《窗外》《潮声》《一帘幽梦》《心有千千结》《彩云飞》等。许多小说被改编成影视放映，作品以青春、爱情题材为主，是两岸深有影响的作家。本书票的点睛之笔在于：青春飞去不回来。

刘心武

作者：张子虎
技法：X6/3
尺寸：95×72mm
时间：1983

　　刘心武，曾任《人民文学》主编，以短篇小说《班主任》成名，茅盾文学奖获得者。为答谢票主在 1995 年将获奖作品《四牌楼》手稿捐给上图，我请作者创作了本书票。攀援的葫芦藤喻示作家的丰硕成果，鲜翠的叶子对应了斋名，L 形布局意为票主姓氏的首字母。

马烽

作者：董其中
技法：X1
尺寸：100×74mm
时间：1996

　　马烽，作家，编剧，陕西省文联主席。主要作品有《吕梁英雄传》《刘胡兰传》，编剧电影《我们村里的年轻人》《咱们的退伍兵》。作者以耸立的红高粱喻指票主名作中的吕梁英雄。

张贤亮

作者：杨可扬
技法：X1/3
尺寸：85×70mm
时间：1993

　　张贤亮，作家，曾任宁夏文联主席、中国作家协会宁夏分会主席和华夏西部影视城有限公司董事长等。代表作有《灵与肉》《绿化树》《男人的一半是女人》等。《灵与肉》改编为电影《牧马人》。此书票表现了票主曲折而顽强的人生。

沙叶新

作者：林世荣
技法：S1/5
尺寸：84×50mm
时间：1994

　　沙叶新，剧作家，话剧代表作有《假如我
是真的》《陈毅市长》《寻找男子汉》等，作品
多次获奖，社会反响甚大。这张书票以一片叶
子构图，表示姓氏，其中的梅花喜神暗香来喻
指票主的幽默性格。

竹林（王祖铃）

竹林（王祖铃）

作者：刘明辉
技法：S1/4
尺寸：109×75mm
时间：2014

竹林,作家。原名王祖铃。以"知青文学"闻名，长篇小说《生活的路》开知青文学之先河。先后创作《女巫》《呜咽的澜沧江》等小说、散文。荣获多种奖项。票主祖上是清代状元，取名祖铃意为要将祖上的文脉功德像铃声一样传下去，据此设计了书票。

殷建灵

作者：张丰泉
技法：X1/4
尺寸：80×63mm
时间：2014

殷建灵，知名儿童文学作家，《新民晚报》高级编辑。出版诗集、散文、小说数十种，获得多项国内外文学奖。作者以单手托起太阳为画面，形容票主的文学作品影响力，比喻青少年是希望的太阳。

陈村

作者：张丰泉
技法：X1/5
尺寸：80×63mm
时间：2014

陈村，上海市作家协会副主席，上海网络作家协会会长。著有长篇小说《鲜花和》《陈村文集》（四卷），小说集《走通大渡河》等。作品曾获全国少数民族文学奖、上海文学作品奖、《中国青年》"五四"青年文学奖等。作者以象构图，表达了对票主的吉祥祝福。

冰心

作者：林世荣
技法：S1/6
尺寸：80×63mm

    冰心，作家、诗人、翻译家、儿童文学作家。1923 年出国前后发表的《寄小读者》是中国儿童文学的奠基之作。诗集有《闲情》《繁星》；散文集有《关于女人》等；译作有《飞鸟集》等。票主爱猫，有此同好的陈子善请作者创作了本书票。

刘白羽

作者：梁栋
技法：X1/5
尺寸：82×102mm
时间：1986

在票主刘白羽家里，他拿出一本《大海》的小说，对梁栋说："我爱大海，爱大自然，喜欢灿烂的大自然。"因此，作者以象形文字日、月、星、山、水构想了大自然，背光的四色标志春夏秋冬变化的色彩，山中的龙代表了炎黄子孙。

严文井

作者：陈雅丹
技法：X1/3
尺寸：36×37mm
时间：1989

严文井，作家，儿童文学家。曾任《人民文学》主编，人民文学出版社社长。入选中国文字著作权协会公布的 2021 年度最受欢迎的十大作家排行榜。作者以井栏构图，暗示票主名字，是具有童趣的表现形式。

【門神】

EXLIBRIS

CAD 24/40 冯骥子 2001

冯骥才

作者：邵卫
技法：CAD
尺寸：150×80mm
时间：2001

門神

EXLIBRIS

CAD 24/40 冯骥才2001

　　冯骥才，作家、书画家、民间艺术研究专家。中国文联副主席，中国小说学会会长，中国作家协会全委会委员，中国民间文艺家协会主席，天津大学文学艺术研究院院长，并任中国民主促进会中央副主席，国务院参事等职。著有长篇小说《义和拳》（与李定兴合写）、《神灯前传》等。因在中国传统年画方面的重大贡献，作者以 CAD 技法为他创作了年画门神书票。

赵丽宏

作者：赖罗春
技法：P3
尺寸：73×100mm
时间：2014

　　票主赵丽宏是一位十分喜爱藏书票的作家，多位艺术家为其制作了多种藏书票。2013年他荣获塞尔维亚斯梅德雷沃国际诗歌节"金钥匙奖"后，我推荐青年版画家赖罗春为他设计本作品以作纪念。

Ex-Libris

16/60　　　　　赖罗春　　　　2014

赵丽宏

作者：林世荣
技法：S1
尺寸：72×52mm
时间：1995

　　赵丽宏，作家、诗人。赵丽宏非常喜爱这张剪影效果的藏书票，作品以凝练的构图突出了票主的脸部特征，神态十分逼真，见者均为之称赞。当其他作家也要求照此构图创作时，作者表示无法重复，我称之为神来之笔。

冯春

作者：倪建明
技法：铜版、水印、拱花
尺寸：105×75mm
时间：1999

　　冯春，翻译家、诗人。1999年，为纪念普希金诞辰200周年和冯春翻译的《普希金文集》十卷本出版，我特约作者为票主创作藏书票。本作品采用了俄罗斯普希金博物馆提供的建于1560年沙皇时代的圣彼得堡巴兹尔教堂建筑外观图案，用俄文亚历山大·谢尔盖维奇·普希金的字母组成圆形光环，喻指普希金为俄罗斯诗歌的太阳。以拱花技法制作。

戈宝权

作者：丁聪
　　　钱君匋
技法：铅印
尺寸：90×60mm
时间：1986

　　著名翻译家戈宝权在1986年捐赠了个人藏书两万余册，南京图书馆为此设立"戈宝权藏书室"，并采用丁聪为戈宝权绘制的肖像，钱君匋的题字，特制了这张藏书票。

草婴

作者：林世荣
技法：S1/4
尺寸：125×93mm
时间：2008

　　草婴，中国译协副会长，上海翻译家协会会长。翻译是跨文化交流的桥梁，作者取景票主故乡的古桥，以文庙建筑和俄罗斯教堂代表中俄文化，桥似长卷，象征译稿，假借托翁之笔，述说了票主以一人之力翻译《托尔斯泰小说全集》的故事。

13/80

草婴

作者：张禹祖
技法：X1
尺寸：85×95mm
时间：2008

　　2008 年我答应为草婴做书票，陪张禹祖夫妇去草婴家中采集藏书票创作素材，作者根据夫人所拍照片，凝练地镌刻了这张木刻肖像作品，获得了票主夫妇的好评，特赠作者一套新版《托尔斯泰小说全集》示谢。

周克希

作者：徐鸿兴
技法：X1/3
尺寸：100×90mm
时间：2013

　　票主是法语文学翻译家，出版多种文学名著。作者以擅长的木刻水印技法，诗意地表现了票主的职业身份，喻示跨越文化的鸿沟，须踏桥前行，以船通津，而翻译家正是中外两岸的建桥人，摆渡者。潋滟的秋水，是译者的辛勤汗水。

周克希 EXLIBRIS

X1　1/55　　　徐鸿兴 2013

周辅

EXLIBRIS

细节已不复可辨，怅惘却留在了心间。

藏书

S2   100/100   刘明辉

周克希

作者：刘明辉
技法：S2
尺寸：95×73mm
时间：2013

　　票主从翻译过的《包法利夫人》原著中选取了这幅插图，请作者以丝网技法再现，并附上自己意味深长的文字手迹："细节已不复可辨，怅惘却留在了心间。"

文洁若、萧乾

作者：邵蓓艳
技法：X1/3
尺寸：94×107mm
时间：2010

　　这张夫妻票主书票是我将作者推荐给文老师后，按照她的要求设计构图，以夫妻两人的生肖形成夫唱妇随的画面效果。既是他们夫妻恩爱的缩影，也是他们合作翻译世界文学名著《尤利西斯》的写照。

任溶溶

作者：杨可扬
技法：X1/3
尺寸：80×73mm
时间：1988

　　有一天，我拿了这张书票去票主家请签名，说到画面中的老母鸡是他，小鸡是小读者时，我们一起开心地笑了。鸡生蛋孵化出小鸡，正如他创作和翻译的儿童文学作品，滋养了几代中国读者。

屠岸

作者：董介吾
技法：X1
尺寸：125×90mm
时间：2013

　　票主以翻译诗歌闻名书林，曾获中国翻译文化终身成就奖。当我读了他译的华兹华斯的诗《水仙》中"有一群如此欢悦的伴侣。诗人怎能不无比快乐"后，我似乎明白了票主要我以水仙做书票画面的一个原因。

EX·LIBRIS

屠岸之书

XI　30～20　　　　董介吾 2013

X1   13/55   徐鸿兴 2013'

屠岸

作者：徐鸿兴
技法：X1/4
尺寸：100×90mm
时间：2013

　　票主既是翻译家，也是诗人、出版家，曾任人民文学出版社总编辑。1978 年票主赴福建组稿时，结识了作家郭风，之后每年都收到漳州水仙，直到郭风去世。在这长达 29 年的交往期间，票主写了多首水仙诗。

丰一吟

作者：张子虎
技法：X6/2
尺寸：107×65mm
时间：2012

　　丰一吟是丰子恺偏爱的小女儿，却未遵从父亲学画继承衣钵的愿望，后专业从事翻译，父女合作译出了十多本书。父亲去世后，她拿起画笔学画，笔韵神似其父。因此，她的藏书票自然会将父亲形象立在其中。

高莽

作者：张嵩祖
技法：XI
尺寸：120×102mm
时间：2007

　　票主既是翻译家，也是画家。2007年票主在上海图书馆举办世界文化名人画展时，我推荐了作者与之相识。在餐桌边，票主为作者画了速写肖像，而作者回报刻制了这张木刻肖像藏书票。

叶灵凤

作者：叶灵凤
技法：凸版印刷
尺寸：113×75mm
时间：约 1934

　　票主是中国藏书票的先驱，藏书家、书话家。在 1933 年 12 月《现代》上发表的《藏书票之话》是我国第一篇介绍藏书票的文章。票主自述这张他自己设计的作品"采用的是汉砖上的图案，是一只凤，我将它加工，变得更繁复一点。又采用汉碑上的一些碑阴花纹作边框，红字黑花"。

翁万戈

作者：徐龙宝
技法：X2
尺寸：64×44mm
时间：2015

　　票主是晚清两朝帝师翁同龢的五世孙，著名藏书家，艺术史家。2000 年，他向上海图书馆转让了翁氏藏书 80 种。2015 年，上海图书馆派人赴美接受他捐赠的《翁同龢日记》稿本时，为翁万戈的莱溪居制作了翁同龢肖像的藏书票。

黄裳

作者：林世荣
技法：S1/5
尺寸：60×52mm

　　黄裳，原名容鼎昌，当代作家，记者。以明清刻本收藏著称。出版著作数十种。其所作古籍题跋有当代"黄跋"（指清代藏书家黄丕烈）之誉。书票中的笔与书，正是票主一生经历的写照，而经染色处理的纸张更显作品古意盎然。

曹正文

作者：倪建明
技法：C2+C4
尺寸：105×95mm
时间：2006

　　票主是《新民晚报》编辑，长期主持《读书乐》专版。在 1996 年荣获"上海十大藏书家"称号，出版小说、评论作品数十种。书票中的古琴与古书（竹简）同聚一堂，也许是一种岁月静好的景象吧。

A/P

韦力

作者：张扬
技法：X1/2
尺寸：100×75mm
时间：2013

　　韦力，当代著名藏书家，现任故宫博物院研究院特聘研究员。著有《书楼寻踪》《芷兰斋书跋初集》等数十种。本书票作者以自己的想象力构建了一位藏书家的书斋。

金陵薛冰

X1 14/50　　　　　　　　罗惠娟　2014

薛冰

作者：罗惠娟
技法：X1
尺寸：109×70mm
时间：2014

　　薛冰，藏书家、作家。任南京市作协副主席，南京市藏书家协会主席。著有《书事：近现代版本杂谈》等。本书票以金陵古城楼和书架远近结合的黑白木刻构图，朴素地表现了一位金陵藏书家的身份。

姜德明

作者：邵卫
技法：X1/3
尺寸：103×90mm
时间：2014

　　《人民日报》高级编辑姜德明是一位著名的藏书家，其藏品以民国时期出版的书刊闻名书界。书票中的一个书架，虽不能展示其两万多册藏书的壮观景象，但有管中窥豹之趣。

刘福春

作者：邵黎阳
技法：X6
尺寸：90×72mm
时间：2014

　　票主是中国社会科学院文学研究所研究员，著名的中国新诗研究专家，著有《新诗书刊总目》等作品，是我国新诗文献收藏数量最多的藏书家。本书票以"桃"喻"书"，即"淘书"，恰巧票主属猴。

韦泱

作者：张子虎
技法：X6
尺寸：103×70mm
时间：2013

　　诗人韦泱是一位民国时期书刊收藏家，写作了大量书话见之于各地报刊，"跟着韦泱去淘书"，既是一本书名，也曾经是上海读书圈的流行语。作者在狗年创作的这张藏书票，形象地表达了藏书之多可车载。

陆谷孙

作者：王燕雯
技法：X2
尺寸：80×60mm
时间：2013

　　陆谷孙，复旦大学教授，曾任外语文学学院院长，主要从事英美语言文学的教学、研究和翻译。著作有《莎士比亚十讲》《余墨集》等。本书票以西方书票常用的书堆、猫头鹰、装饰花草构图，前置一部票主所主编的《英汉大词典》代表其突出的贡献。

吴建中

作者：林世荣
技法：S1/4
尺寸：78×56mm
时间：1996

　　吴建中，图书馆学者，曾任上海图书馆馆长、上海科技情报研究所所长。社会职务有：中国图书馆学会副理事长、上海市图书馆行业协会会长，曾任国际图联管委会委员（2001—2005）、上海世博会主题演绎总策划师。出版有《21世纪图书馆新论》等20余部著作。作者以大笨钟和博士帽代表票主曾获英国博士学位。

许杰

作者：杨可扬
技法：X6
尺寸：80×65mm
时间：1987

　　许杰，文学评论家、作家。曾任华东师范大学中文系教授兼系主任。历任中国作家协会上海分会副主席，上海市政协常委，上海市作家协会顾问等职。著有《暮春》《新兴文艺短论》《鲁迅小说讲话》《许杰文学论文集》等。

陈子善

作者：林世荣
技法：S1/4
尺寸：88×60mm

　　陈子善，华东师范大学中文系研究员、博士生导师，中国现代文学研究会名誉理事，中华文学史料学学会近现代文学分会副会长，上海巴金文学研究会副会长。本书票以常见的文庙建筑为背景，一只瓢虫缘杆而上，此杆神似笔杆。

陈子善

作者：林世荣
技法：S1/8
尺寸：78×78mm

　　票主曾参加《鲁迅全集》的注释工作。著作有《文人事》《发现的愉悦》《中国现代文学十讲》等多种，编订现代作家文集、全集和研究资料集数十种，是我国研究现代作家藏书票和宣传藏书票的著名学者，也是藏书票的使用者，拥有多种人体画面的书票，此为其中之一。

72/100　　S1/8

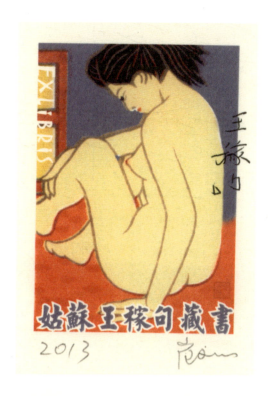

王稼句

作者：崔文川
技法：CAD
尺寸：75×55mm
时间：2013

　　王稼句，学者、作家。苏州市作家协会理事，苏州市杂文学会副会长，先后供职于苏州市文联、《苏州》杂志社、古吴轩出版社。著有散文随笔集《笔浆集》《枕书集》《补读集》等六十余种。在苏州地方史研究方面成果丰富，有《吴门柳》《苏州旧梦》《锦绣吴市：苏州商市史话》等。这是以电脑设计的书票。

白谦慎

作者：王超
技法：饾版
尺寸：95×125mm
时间：2014

　　白谦慎，艺术史家，书法家。美国波士顿大学艺术史系教授、浙江大学文化遗产研究院教授、艺术与考古学院首任院长。著有《傅山的世界——17世纪中国书法的嬗变》《云庐感旧集》等。此书票以传统饾版技艺刻印，充满了书卷气。

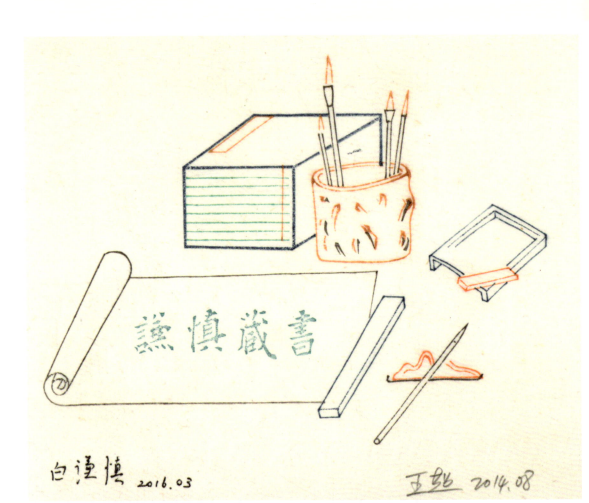

白谦慎 2016.03　　　　　　王超 2014.08

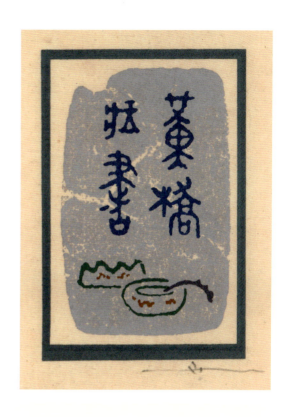

董桥

作者：林世荣
技法：S1/5
尺寸：82×56mm

董桥，文学家、散文家。曾任《今日世界》丛书部编辑，美国新闻处编辑，英国广播公司节目制作，《读者文摘》中文版总编辑，香港公开大学中国语文顾问，香港中文大学出版组主任，《明报月刊》与《明报》总编辑等职。出版有《回家的感觉真好》《保住那一发青山》等数十种文集。这张画面清雅的书票获得了票主的回信称赞。

王元化

作者：张嵩祖
技法：X1
尺寸：100×120mm
时间：2005

　　王元化，思想家、文艺理论家，在中国古代文论研究、当代文艺理论研究、中国文学批评史、中国近现代思想学术史研究方面成就卓著。曾任国务院学位委员会第一、二届学科评议组成员、华东师范大学教授。1983年7月至1985年5月，任中共上海市委宣传部部长。出版《王元化集》十卷。

王元化

作者：朱萌能
技法：S1/3
尺寸：100×80mm
时间：1998

　　1998 年，我在上海图书馆书店开设了王元
化著作专柜，为祝《莎剧解读》首发，特邀作
者为此设计书票，票主要求以他手书的陆机《文
赋》"粲风飞而飙竖，郁云起乎翰林"为参考
进行设计。此书票除票主自留 50 张外，均赠
友朋和读者。

洪丕谟

作者：徐龙宝
技法：X2+S1/3
尺寸：100×80mm
时间：2004

　　洪丕谟，学者、书法家。早年从事中医近二十年，后弃医从文。曾任华东政法学院文学与法研究所所长，古籍整理研究所教授。中国书法家协会第一届学术委员，上海市大学书法教育协会会长，上海书法家协会副主席。著有《中国书法史话》《洪丕谟文选》等一百多种。此为《点击中国书法》首发设计的书票。

憲文觀史 EX LIBRIS AP 5/10 鄭星球 2021

张宪文

作者：郑星球
技法：L1
尺寸：145×125mm
时间：2021

张宪文，史学家。南京大学教授，侵华日军南京大屠杀史研究会会长、中国现代史学会名誉会长南京大学中华民国史研究中心主任，历史研究所所长。主要著作有《中华民国史》《南京大屠杀史料集》等。此为其总主编的百卷本《抗日战争专题研究丛书》而作，选取了对中国抗战有贡献的国际友人：斯诺、陈纳德、白求恩、史沫特莱、爱泼斯坦、史迪威、柯棣华的形象。

周有光

作者：张扬
技法：X1
尺寸：75×100mm
时间：2014

　　周有光，语言学家、文字学家、经济学家。被誉为汉语拼音创始人之一。1956年开始专职从事语言文字研究，曾参加并主持拟定《汉语拼音方案》(1958年公布)，曾任《简明不列颠百科全书》中文版编委之一。著有《中国拼音文字研究》《周有光文集》15卷等。作者以票主研究语言文字的学术背景创作了本书票。

周汉民

作者：赖罗春
技法：S1
尺寸：67×70mm
时间：2014

　　周汉民，法学教授。任全国政协常委、民建中央副主席、上海市政协副主席、民建上海市委主委、上海社会主义学院院长、上海中华职教社主任等职。著有《思想的历程：复关入世文集》等著作。此为丝网制作的肖像书票。

3/60　　　赖罗春　　　2014

钱乘旦

作者：郑星球
技法：L1
尺寸：105×145mm
时间：2020

钱乘旦，史学家。北京大学历史系教授、现任北京大学区域与国别研究院院长、中国英国史研究会会长。主要著作《他山的历史》《换个角度看历史》等。

这是为票主主编的《英国通史》而作的书票，选取了对英国历史有影响的画面：英国的文艺复兴；打败"无敌舰队"确立了其海上霸主地位；《权利法案》确立了君主立宪制；以蒸汽机为标志的工业革命。

陈超

作者：秦晓明
技法：L1
尺寸：90×90mm
时间：2022

　　陈超，研究员。现任上海图书馆（上海科技情报研究所）馆（所）长。兼任中国图书馆学会副理事长、上海市图书馆行业协会会长。长期从事图情研究与管理工作，主持完成多项上海市决策咨询、科技软科学研究课题，荣获文化和旅游部优秀专家称号。这是为纪念乔伊斯《尤利西斯》问世百年而设计的书票，画面综合表现了小说的内容。

EX-LIBRIS MAOJIAN

13/60　　　　路戌亮　　　　2014.

毛尖

作者：路戌亮
技法：S1/4
尺寸：97×93mm
时间：2014

　　毛尖，文艺评论家、作家，华东师范大学教授。著译包括西方文学、电影评论、专栏随笔等，刊于《万象》《信报》《亚洲周刊》等。出版译著《上海摩登》（李欧梵著）和《非常罪，非常美：电影笔记》《雨在城市上空轻轻地落着》《毛尖散文选集》等。作者据票主以电影《教父》海报要求设计，其男主角的扮演者是马龙·白兰度。

施蛰存

设计：施蛰存
技法：锌版
尺寸：97×72mm
时间：20 世纪 40 年代

施蛰存，文学家、作家、翻译家。早年编辑《璎珞》《新文艺》《现代》等杂志，是中国"新感觉派"小说的主要作家之一。1952年后任华东师范大学教授。曾获"上海市文学艺术杰出贡献奖"。作品有《将军的头》等小说集，有专著《唐诗百话》《北山谈艺录》等。著作汇集《施蛰存文集》十卷。此为票主据美国插画家肯特的图案自行设计的书票。弯曲的树枝代表姓氏首字母"S"。

周振鹤

作者：陶正
技法：X1
尺寸：103×100mm
时间：2013

　　周振鹤，史学家。复旦大学历史地理研究中心教授、博士生导师。1983 年获历史学博士学位，为我国首批两名文科博士之一。其研究领域涉及政区地理、文化地理、地方制度史、近代新闻史和文化语言学、语言接触史。著有《西汉政区地理》《中华文化通志·地方行政制度志》《体国经野之道》《周振鹤自选集》等，主编《上海历史地图集》等。

周振鹤

作者：包叶舟
技法：铜版
尺寸：120×100mm
时间：2013

　　按照票主以辛弃疾的《贺新郎·甚矣吾衰矣》中"我见青山多妩媚"的要求，我请人分别以水印木刻和感光树脂版创作了两张书票，前者体现了江南青山的水墨柔情，后者则表现了西北高山的雄奇气势。此句之后是"料青山见我应如是"。

熊月之

作者：石道德
技法：X6/3
尺寸：108×75mm
时间：2013

　　熊月之,历史学家。上海市历史学会会长,中国史学会副会长。原上海社会科学院副院长、历史研究所所长。任复旦大学博士生导师。著有《章太炎》《中国近代民主思想史》《西学东渐与晚清社会》《冯桂芬评传》《异质文化交织下的上海都市生活》等,主编《上海通史》等多种著作。

熊月之

作者：丁立松
技法：X1/4
尺寸：128×100mm
时间：2013

　　按照票主提出的以"千江有水千江月"设计的要求，我分别请两位老版画家构思创作，前者以直观法描绘了舟泊岸边，月映江中的静态景色；后者以象征法表现了月亮和书是史家之眼，九行笺代表滔滔不绝的历史洪流，意喻票主观察历史，书写历史，眼到笔到之处即有"月"。

赵鑫珊

作者：林世荣
技法：S1/3
尺寸：77×53mm
时间：1994

　　赵鑫珊，哲学家、文学家、作家。曾先后在中国农科院、中国社科院、上海社科院工作。兼庐山艺术协会主席。著有《贝多芬之魂》《莫扎特之魂》《科学·艺术·哲学断想》《人类文明之旅》《哲学与当代世界》等六十余部作品。本书票反映了票主在夜空下思考哲学、艺术、科学，竖琴的乐声象征了他书写的文字。

谢冕

作者：徐鸿兴
技法：X1/3
尺寸：100×80mm
时间：2014

　　谢冕，文艺评论家。北京大学教授，北京大学中国诗歌研究院院长，北京市作家协会名誉副主席，中国当代文学研究会副会长，《诗探索》编委会主任，《新诗评论》主编。出版有《文学的绿色革命》《中国现代诗人论》《新世纪的太阳》等学术著作和散文集《世纪留言》《流向远方的水》《永远的校园》等，2012年出版《谢冕编年文集》12卷。此为按票主的梅花要求制作。

朱杰人

作者：李小光
技法：X2
尺寸：75×75mm
时间：2017

　　朱杰人，华东师范大学古籍研究所教授，华东师范大学终身教授、博士生导师。曾任华东师范大学出版社社长、董事长，任世界朱氏联合会副会长，中国历史文献研究会会长，上海出版工作者协会副主席，中华朱子文化研究会副会长兼秘书长。主要研究领域为古典文献学、经学、宋代文学。作者曾以其祖先朱子设计本书票。

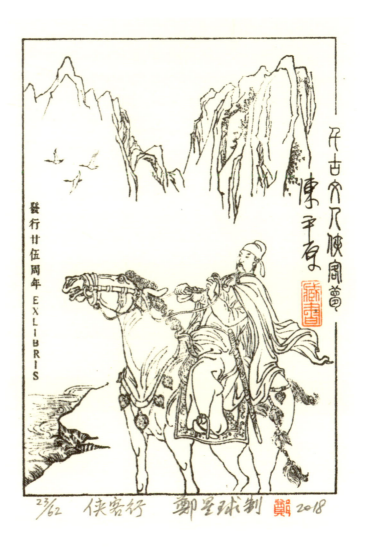

陈平原

作者：郑星球
技法：L1
尺寸：120×87mm
时间：2018

陈平原，文学评论家、文学史家。北京大学中文系教授、中央文史馆馆员、中国俗文学学会会长。主要学术著作有《中国小说叙事模式的转变》《二十世纪中国小说史》第一卷、《中国现代学术之建立》等数十种，获得全国高校人文社会科学研究优秀著作奖等奖项。《千古文人侠客梦》初版于1991年，是研究我国武侠小说类型与演变的重要著作，此书票为纪念其发行25周年而制作。

段文杰

作者：倪建明
技法：X1
尺寸：78×70mm
时间：2000

　　段文杰，敦煌学家、美术家。敦煌研究院院长，中国美术家协会甘肃分会副主席。第六、七届全国政协委员。长期从事敦煌文物的保护、研究工作。著有《敦煌彩塑艺术》《敦煌壁画概述》《敦煌壁画中的衣冠服饰》等。临摹敦煌壁画三百余幅，在国内外多次展出。此以敦煌壁画设计，对应了票主的职业身份。

王朝闻

作者：梁栋
技法：X1/3
尺寸：80×100mm
时间：1988

　　王朝闻，文艺理论家、美学家、雕塑家。作者据票主姓名演绎创作，朝阳的金光照耀大海，激流勇进的龙舟，誉为中华儿女同舟共济，奋勇向前。同时也表达了博学的票主学海驾舟的探索精神。

艺术家藏书票

黄永玉

作者：莫测
技法：X6/2
尺寸：78×100mm
时间：2010

　　黄永玉，画家。中国国家画院院士，曾任中国美术家协会副主席，中国美术家协会顾问，中央美术学院版画系主任、教授等。擅长版画、国画，出版有《黄永玉画集》《湘西写生》《永不回来的风景》等画册。

S2/4 AP.   张家瑞 2004.

黄永玉

作者：张家瑞
技法：S2/4
尺寸：115×90mm
时间：2004

　　本书票以票主的画作《山鬼》设计而成，美女与野兽是西方藏书票中的一大主题，以此为题材的书票在我国较少见，这是以誊写丝网版再现原作的中国文化特色的美女与野兽。

李桦

作者：杨可扬
技法：X1/3
尺寸：108×55mm
时间：1991

　　李桦，版画家，美术教育家。1927 年毕业
于广州市立美术学校，1930 年留学日本，"九·
一八"后回国。1934 年在广州组织"现代版画会"，
开始藏书票创作，出版我国第一部藏书票作品
集《现代版画》第九辑"藏书票特辑"，是中
国新兴木刻运动的先驱者之一。

李桦

作者：李桦
技法：X1
尺寸：90×43mm
时间：20 世纪 80 年代

李桦

作者：李桦
技法：X1/4
尺寸：65×62mm
时间：20 世纪 70 年代

　　票主长期创作自用书票，出版有《李桦藏书票》，此为作者二十世纪七八十年代创作的两张作品。

陈雅丹

作者：陈雅丹
技法：S1
尺寸：63×87mm

　　陈雅丹，清华大学美术学院装潢艺术设计系教授，中国美术家协会插图装帧艺委会委员，中国藏书票研究会副主席，作品被联合国儿童基金会、奥林匹克艺术中心、中国美术馆等收藏。是我国第一位赴南极写生和第一位纵穿罗布泊的女画家。

莫测

作者：莫测
技法：X6
尺寸：114×90mm
时间：1987

　　莫测，版画家。一级美术师，曾任《水利
与电力》美术总编辑、中国美术家协会理事、
中国美术家协会版画艺术委员会委员、中国版
画家协会常务理事和对外联络部主任、中国水
力文学艺术协会副主席。获鲁迅版画奖、全国藏
书票银奖等奖项。此为作者早期的作品之一。

李平凡

作者：李平凡
技法：X1
尺寸：88×37mm

　　李平凡，版画家。曾任日本华侨新集体版画协会会长、《版画世界》主编、中国版画家协会副主席、中日友好协会全国理事、平凡友好画院名誉院长。出版有《平凡木刻版画》《版画沧桑》。是中国现代藏书票艺术的先驱之一。书票中善用儿童形象。

古元

作者：俞沪生
技法：X1
尺寸：87×60mm
时间：1992

　　古元，版画家。曾任中央美术学院院长、教授，中国美术家协会副主席，中国版画家协会副主席。出版有《古元木刻选集》。作者以票主早年在延安鲁迅艺术文学院学习、创作的经历，设计了以延安宝塔山为背景的书票。

郑辛遥

作者：郑辛遥
技法：S1
尺寸：83×70mm
时间：2017

  郑辛遥，漫画家。中国美术家协会理事，中国美术家协会漫画艺委会副主任，上海市美术家协会主席，《新民晚报》社美术编辑。漫画作品曾在比利时、意大利、日本等国际漫画大赛中获奖。2006年获第十六届中国新闻奖漫画作品银奖。

郑辛遥

作者：郑辛遥
技法：S1
尺寸：94×70mm
时间：2017

票主在《新民晚报》上的漫画专栏《智慧快餐》系列漫画曾获第八届全国美术作品优秀奖、第三届上海文学艺术优秀成果奖。在我建议下，从中选出两幅漫画重新设计后制成本书票。

赵志方

作者：赵志方
技法：X1/5
尺寸：104×75mm

　　赵志方，版画家。从1951年起在《人民日报》从事美术编辑工作，任文艺部主任编辑、人民日报神州书画院副秘书长，中国藏书票研究会的创始者之一。我曾多次拜访赵志方夫妇，在他家有过一次小酌，从他赠我的这张书票上仿佛还能闻到酒香。

陆放

作者：陆放
技法：X1/3
尺寸：117×127mm
时间：1994

　　陆放，版画家。中国美术学院教授，"鲁迅版画奖"获得者。二十世纪八九十年代，正是中国藏书票创作渐入佳境的时候，专业版画家发挥了重要作用。票主的这张作品是当时尺寸偏大的书票，以精到的木刻水印技法表现了人类早期的历史情景。

陆放

作者：张嵩祖
技法：X1
尺寸：90×127mm
时间：2008

　　陆放擅长木刻水印，作品以西湖题材闻名，
人称"西湖陆"。作品被中外著名机构收藏。
出版有《陆放画集》《水印木刻技法》等。
票主与作者是同学，分别以水印木刻和黑白木
刻闻名。

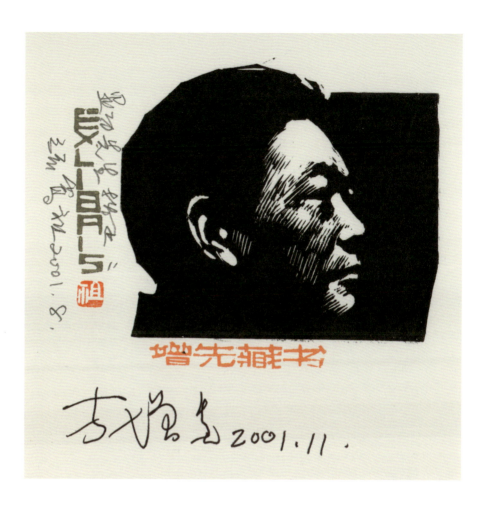

方增先

作者：张嵩祖
技法：X1/2
尺寸：80×100mm
时间：2001

　　方增先，画家。是中国画坛具有影响力的
"新浙派人物画"的奠基人与推动者。曾任上
海美术馆馆长、中国美术学院荣誉教授、上海
市美术家协会主席、中国国家画院中国画院院
长。获第二届"中国美术奖终身成就奖"。

方成

作者：莫测
技法：X1
尺寸：130×90mm
时间：2008

方成，漫画家。20 世纪 40 年代在上海从事漫画工作，并在香港参加"人间画会"。新中国成立后历任《新民晚报》美术编辑、《人民日报》社高级编辑，中国新闻漫画研究会会长等职。出版有《方成漫画选》《幽默·讽刺·漫画》《滑稽与幽默》等。

山丹

作者：山丹
技法：X1/3
尺寸：85×72mm
时间：1994

　　山丹，版画家。内蒙古通辽职业学院副教授，中国美术家协会会员，内蒙古政协书画院院士，内蒙古民族大学美术学院兼职教授。其作品具有草原版画的刀木之美、力量之美，刀法、意境、节奏、韵味贯穿其中。

梁栋

作者：梁栋
技法：X1/3
尺寸：75×81mm
时间：1995

　　梁栋，版画家。历任中央美术学院版画系副系主任、教授，中国版画家协会副秘书长，中国美术家协会水彩艺术委员会主任，《版画世界》副主编，《水彩艺术》主编，《中国水彩》主编，中国藏书票研究会创始会长等。编著有《藏书票艺术》等。

梁栋

作者：梁栋
技法：X1/5
尺寸：100×75mm
时间：1994

　　"无尽斋"是票主书斋的名称，书票取故宫便门为图案，寓意开启中华文化的宝库之门。

鹏程

作者：鹏程
技法：X1/4
尺寸：95×82mm
时间：1996

　　鹏程，画家。历任北京市文化局美术工作室创作员、《前线》美术编辑、北京工业大学副教授。中国美术家协会会员。藏书票作品曾参加 1 至 12 届藏书票全国展，多次获奖，参加过第 21 届至第 32 届国际藏书票联盟艺术双年展。

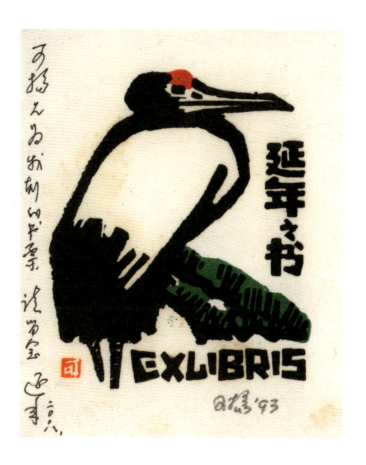

赵延年

作者：杨可扬
技法：X1
尺寸：85×70mm
时间：1993

　　赵延年，版画家。中国美术学院教授。浙江版画家协会名誉会长、浙江漫画研究会顾问、浙江省文史馆名誉馆员。荣获"中国新兴版画杰出贡献奖""中国美术家终身成就奖"。主要作品有《负木者》《鲁迅先生》《起来饥寒交迫的奴隶》等。出版有《赵延年版画选》《赵延年木刻鲁迅作品图鉴》。此松鹤延年书票为贺票主70岁而作。

赵延年

作者：赵延年
技法：X1/3
尺寸：90×67mm

此为票主自刻自用的书票。

赵延年

作者：张嵩祖
技法：XI
尺寸：105×130mm
时间：2012

　　票主为我国现代版画高等教育的先驱，其学生辈中有多位版画家为他制作过藏书票。这是著名版画家张嵩祖教授刻制的肖像作品。

赵澄襄

作者：赵澄襄
技法：S1
尺寸：78×88mm
时间：2008

　　赵澄襄，国画家，中国美术家协会会员，广东省作家协会会员，汕头美术家协会副主席，汕头画院画师。国画与剪纸作品多次参加国内外展览和个展，出版画册与散文集多部。这是票主以自己的剪纸作品丝网印制的书票之一。

EXLIBRIS

白逸如印藏

藏書長樂　讀書是福

6/100　小欢音　C4/col　杨忠义 2001

白逸如

作者：杨忠义
技法：C4/col
尺寸：150×120mm
时间：2001

　　白逸如，国家一级美术师，中国美术家协会会员，享受政府特殊津贴。先后在山东、天津画院等机构从事教学和美术创作。以擅长年画和藏书票闻名。作品多次参加国内外藏书票展览并获奖。著有《白逸如年画线描集》《白逸如藏书票集》《如意集》等。此票作者是擅长少数民族题材创作的版画家。

曹文汉

作者：曹文汉
技法：X1
尺寸：97×78mm
时间：1991

　　曹文汉，版画家。东北师范大学美术系
教授、中国美术家协会会员、中国版画家协
会会员、中国藏书票艺委员会委员、吉林省
作家协会会员。擅长人物藏书票创作。出版
《古元传》《中国新兴木刻的延安学派》等。

曹文汉

作者：曹文汉
技法：X1
尺寸：95×85mm
时间：1991

董其中

作者：董其中
技法：X1
尺寸：98×76mm
时间：1995

　　董其中，版画家，国家一级美术师。历任山西省文联副主席、山西省美术家协会主席、中国美术家协会常务理事。作品多次参加国内外大型展览并获奖。曾发表大量美术评论和散文，出版《董其中画集》等多部著作。毛驴是他作品中多次出现的形象。

宋源文

作者：周胜华
技法：X1/2
尺寸：60×80mm
时间：1992

　　宋源文，版画家。曾任中央美术学院版画系主任、教授，先后担任中国版画家协会秘书长、常务副主席，中国美术家协会版画艺术委员会主任。作者以北方黑龙江地区为背景，以拉雪橇的鹿和篝火及纷飞的雪花，呼应了票主版画中的北方气象。

潘公凯

作者：车进
技法：X1/3
尺寸：120×75mm
时间：2013

　　潘公凯，艺术家、美术理论家、教育家。中国美术家协会副主席，曾任中国美术学院院长，中央美术学院院长、教授。曾多次在纽约等地举办个人画展。著有《中国绘画史》《潘天寿评传》等。主编《现代设计大系》《潘天寿全集》等画册丛书。作者是票主的同学，据票主画作中常见的荷花，创作了本系列书票。

寸纸盈香
| 上 |
中外名人藏书票

董小庄

作者：董小庄
技法：S1
尺寸：112×112mm
时间：2008

　　董小庄，版画家。成都版画院院长、四川大学艺术学院兼职教授、国家二级美术师，任成都美术家协会副主席、四川美术家协会版画艺委会副主任。获鲁迅版画奖等奖项。在推动国际艺术交流中，他的中国文化特色抽象作品受到关注。

杨守年

作者：钱墨君
技法：X7+X1
尺寸：80×92mm
时间：2013

　　杨守年，画家、艺术活动家。中国美术家协会会员、中国美术家协会旅游联谊中心副主任。四川省作家协会会员、四川中国画研究院秘书长。主编《东方美术》《东方版画》《东方藏书票》等杂志，出版多种散文集、摄影集。

杨可扬

作者：张翔
技法：X1/5
尺寸：72×68mm
时间：1992

　　杨可扬，版画家。早年参与木刻运动，新中国成立后长期从事美术出版工作。任上海人民美术出版社副总编、编审。曾任中国版画家协会副主席，上海美术家协会副主席，上海版画会会长，获"中国新兴版画杰出贡献奖"。出版有《可扬版画集》《可扬藏书票》《可扬艺事随笔》等。作者以老寿星形象表达了对前辈促进中国藏书票艺术发展的敬意。

戴逸如

作者：徐龙宝
技法：X2
尺寸：105×75mm
时间：2014

　　戴逸如，中国作家协会会员，《新民晚报》等报刊专栏作家。出版画集、著作近百册。关注传统文化的创造性转化，作者特以《山海经》中的羊为票主制作了书票。

戴逸如

作者：林世荣
技法：S1/4
尺寸：70×50mm

　　戴逸如出生于上海嘉定书香门第，自幼深受艺术熏陶，其创作的"牛博士"是我国最早获得国家版权机构注册的卡通形象。童年曾经拥有的玉石葫芦伴随他度过了许多岁月，因此请作者创作了本书票。

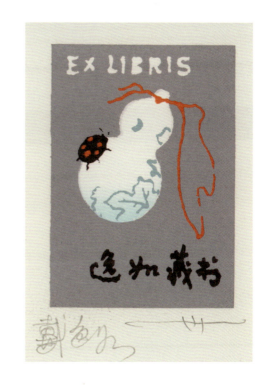

赵志方、白逸如

作者：白逸如
技法：X1/col
尺寸：90×66mm
时间：1994

　　金台书屋位于北京《人民日报》社金台路北区宿舍，是著名藏书票作者赵志方、白逸如夫妇的书斋名称。他们以此创作了大量作品，是中国风格藏书票作品的代表。这张书票表现了创作的艰辛与门可罗雀的冷清，票主自称门内的两个人就是他们老两口。

金台書屋 EXLIBRIS 95

X.1

赵志方、白逸如

作者：赵志方
技法：X1/5
尺寸：90×108mm
时间：1995

　　赵志方创作的作品擅长以花鸟融入书票，我去他家时发现，封闭的阳台仿佛是个大鸟笼，所养的多种小鸟成为他创作的灵感对象。本作品饱满的玉米既表现了丰收的喜悦，也反映了金台书屋丰硕的藏书票创作成果。

韩美林

作者：张家瑞
技法：X1
尺寸：100×80mm
时间：1987

　　韩美林，艺术家。清华大学教授，中央文
史馆馆员，全国政协委员，曾获联合国教科文
组织"和平艺术家"称号，国际奥委会顾拜旦
奖等。北京奥运会福娃设计师。在雕塑、陶瓷、
绘画、书法等多领域有突出成就。此为作者据
票主赠画设计的书票。

张家瑞

作者：张家瑞
技法：S2/2
尺寸：120×69mm
时间：2005

张家瑞，版画家、高级编辑。《大连日报》编委，曾任辽宁省美协副主席、大连美协主席、中国美术家协会藏书票研究会副主席。获中国版画奖、鲁迅版画奖等奖项。出版有《张家瑞版画》《张家瑞藏书票》等三十余册。为藏书票艺术发展做出了重要贡献，这是票主据友人邵华泽书法设计的书票。

华君武

作者：张家瑞
技法：MT/3
尺寸：110×78mm
时间：2004

　　华君武，漫画家、美术活动家。历任《人民日报》美术组长、文艺部主任，中国美术家协会秘书长、书记处书记、常务书记、副主席，中国文联委员、书记处书记等职。代表作有《华君武漫画选》《华君武漫画》和《我怎样想和怎样画漫画》等。此为作者据票主漫画而设计的书票。

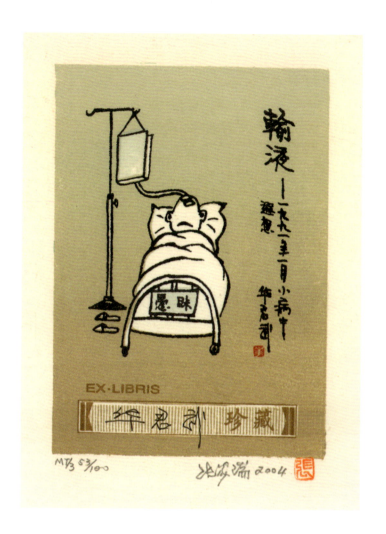

翰液
——一九九一年一月小病中
遐想
华君武

愚昧

EX·LIBRIS

华君武 珍藏

MT/3 53/100　　　　　　张海瑞 2004

华君武

作者：张家瑞
技法：MT/3
尺寸：110×78mm
时间：2004

　　票主与作者交往多年，双方情谊深厚，作者以票主的漫画演绎设计了许多藏书票，表达了尊重知识，热爱图书的情怀，营造了幽默的藏书票艺术氛围。

束纫秋

作者：杨可扬
技法：X1/3
尺寸：78×75mm
时间：1990

票主束纫秋是《新民晚报》总编辑，中国
著名报人。作者取票主姓名中的秋字，以黄叶
代表秋色，满目粗壮的树干，与摇曳的小树形
成强烈对比，预示着秋天的成熟与收获，以及
小树将会成长为茁壮的大树。

赵家璧

作者：杨可扬
技法：X1/4
尺寸：80×70mm
时间：1986

　　赵家璧，著名出版家。1931年编辑《一角丛书》时，票主用农夫撒种子的图案作为出版标志印在书上。作者作为赵家璧的好友，所创作的本书票，以一片广袤的农田为画面，意喻编辑如播种耕地的农夫。

赵超构（林放）

作者：杨可扬
技法：X1/3
尺寸：75×65mm
时间：1988

　　票主是《新民晚报》社长，著名报人赵超构，以笔名林放发表了大量文章。作者以日落林间为画面，既对应了笔名的意象，也暗指日落之后读晚报。

曹辛之

作者：陈世五
技法：S1/3
尺寸：81×40mm

　　票主曹辛之是著名书籍装帧艺术家、诗人、书法家，生肖属蛇。作者以蛇盘绕书籍为中心，以此象征票主从事与书相关的创造，从上至下的三支笔：毛笔、钢笔、画笔，分别代表他的书法、写作和装帧。这是我国当代最经典的藏书票作品之一。

20/50 X2 [signature] 2021.

杨柏伟
2022.1

杨柏伟

作者：李小光
技法：X2
尺寸：60×56mm
时间：2021

中国传统"四艺"以棋最具社会性。资深出版家票主杨柏伟，一手纵横棋枰，一手出版棋谱，最心仪的棋谱是《诗情雅趣》。这张木口木刻书票显示了作者高超的技艺。

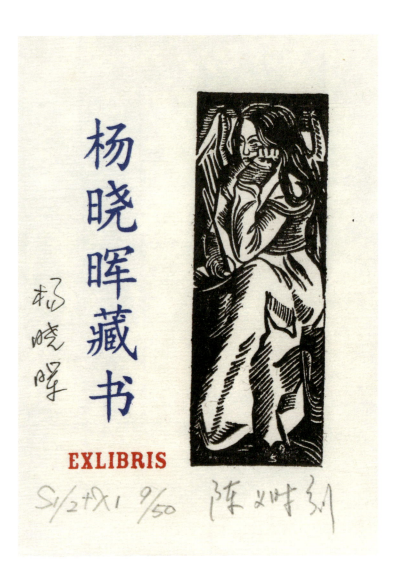

杨晓晖藏书

杨晓晖

杨晓晖

EXLIBRIS

S1/2+X1 9/50 陈义时刻

杨晓晖

作者：陈义时
技法：S1/2+X1
尺寸：100×70mm
时间：2014

　　知名作家南妮，原名杨晓晖。曾任《新民晚报》副刊编辑。一次偶翻民国书刊，我看到一幅名为女神的木刻图，特请扬州雕版大师陈义时帮忙刻印了这张书票。

殷梦霞

作者：倪建明
技法：C1
尺寸：105×95mm
时间：2006

　　这是作者中国古代乐器主题系列作品之一，以铜版干刻与腐蚀相结合的技法创作。票主殷梦霞是国家图书馆出版社总编辑，画面中纤手弹奏的古音，正如大珠小珠落玉盘，字字珠玑，典籍在此推陈出新。

沈嘉禄

作者：吴剑锋
技法：S1/2
尺寸：114×90mm
时间：2013

　　票主沈嘉禄是《新民周刊》主笔、作家、美食家，出版图书数十种。本票沿用了一本民国版图书的装帧，人体群像的阅读造型，在古旧的纸色上，显出宁静之美。

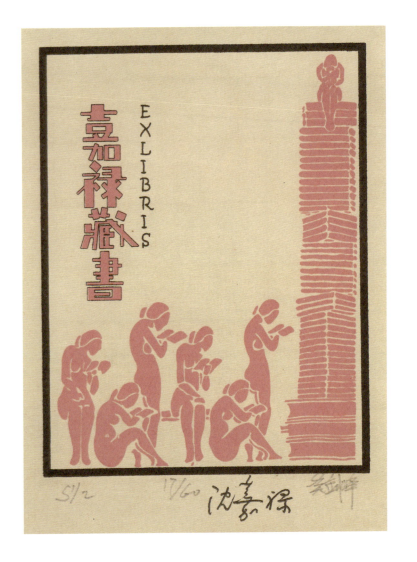

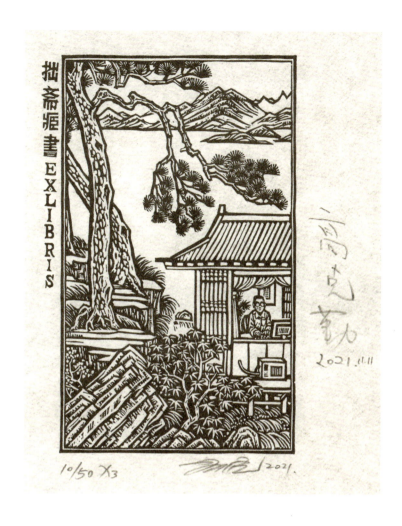

高克勤

作者：李小光
技法：X3
尺寸：105×68mm
时间：2021

　　高克勤，古籍出版整理专家，上海古籍出版社社长。作者依票主要求：有山水或书房，因此设计了背山临水的古典书斋。与古典意境形成反差的是，端坐其中的书生戴眼镜、吹空调、玩电脑。

百里溪书屋

EXLIBRIS

76/4　　11/50　　10×10cm

郑重

作者：王成城
技法：X6/4
尺寸：100×100mm
时间：2013

　　票主郑重是《文汇报》高级记者，著名文史学者。作者以票主故乡的徽派建筑为主景，将溪流的波光与斑驳的墙面融为一体。采用绝版木刻油印技法创作。

顾村言

作者：倪建明
技法：综合版
尺寸：75×100mm
时间：2012

　　这是作者的江南水乡主题系列作品之一。以凹版加水印的方式印制。顾村言是江南水乡孕育的才子，文画俱佳，先后任《东方早报》艺术评论周刊执行主编，《澎湃新闻》艺术评论主编。斋名为三柳树屋。

方晓

作者：倪建明
技法：综合版
尺寸：75×100mm
时间：2012

　　这是作者的江南水乡主题系列作品之一。票主方晓是《中国收藏》杂志主编，作品中的姓名嵌在窗格之中，既填补空白，又具有装饰性，本作品的水印光影效果十分理想。

舒明

作者：吴剑锋
技法：S1/2
尺寸：125×88mm
时间：2014

　　票主舒明是《文汇报》"笔会"版副刊副主
编。本书票图案取自于一本旧书的封面，经作
者以双钩字体设计处理后，呈现出淡雅的韵致。

刘绪源藏书

EX LI BRIS

C4 70/50

刘绪源

作者：邵黎阳
技法：C4
尺寸：140×102mm
时间：2017

《文汇读书周报》副主编、《文汇报》"笔会"版副刊主编刘绪源十分喜爱藏书票，他表示想要猫头鹰图案的书票后，我请作者以凹版技法创作的这张作品。这是票主生前的最后一张书票。

寸纸盈香
｜
上
中外名人藏书票

徐俊

作者：沈树华
技法：饾版
尺寸：75×70mm
时间：2012

　　作者沈树华是扬州中国雕版非遗传人。本书票选用《十竹斋笺谱》中的图案，以饾版技法刻印，时任中华书局总编辑的票主徐俊对此喜爱有加。

邵华泽

作者：张家瑞
技法：X5/4
尺寸：125×72mm
时间：2005

邵华泽，曾任《解放军报》副社长，解放军总政治部宣传部部长，《人民日报》社长、总编辑，中华全国新闻工作者协会主席。中共第十四届、十五届中央委员，中将军衔。票主也是著名书法家，与作者是好友，双方合作将书法融入书票意境，创作了独特的作品。

Yuan Ying cang shu　　　EXLIBRIS

MT

袁鹰

作者：赵志方
技法：MT
尺寸：90×117mm
时间：2000

　　作者赵志方与票主袁鹰是《人民日报》社的同事。一个是美术编辑、知名画家，一个是副刊文学编辑、著名作家。作者取票主姓名中的"鹰"字为画面构图，表示票主的作品名扬长城内外。

朱践耳

作者：刘明辉
技法：S1/2
尺寸：103×70mm
时间：2014

票主是著名作曲家。他的名作《唱支山歌给党听》风行国内数十年。作者以票主肖像和他作曲用的钢琴相叠影，钢琴上的五线谱，是票主发明的音乐签名。我第一次上门拜访时，他以音乐的声调读给了我听。

周小燕

作者：张嵩祖
技法：X1
尺寸：80×126mm
时间：2009

  周小燕，我国花腔女高音歌唱家，美声声乐教育家。作品有《长城谣》《最后的胜利是我们的》《蚌壳》等。曾获金钟奖等大奖。这是著名版画家为票主创作完成大幅人物版画后制作的书票。

曹鹏

作者：张子虎
技法：X6
尺寸：81×74mm
时间：2004

曹鹏，我国著名指挥家，国家一级指挥。曾指挥《龙须沟》《智取华山》等数十部电影音乐，指挥歌剧《蝴蝶夫人》等大型音乐会，获得多项荣誉。作者曾是票主的邻居，所刻制的书票精准地把握了票主指挥时的神情。

EXLIBRIS

陈钢

作者：刘明辉
技法：S1+X1
尺寸：130×78mm
时间：2014

　　陈钢，著名作曲家，1958年与何占豪合作创作小提琴协奏曲《梁山伯与祝英台》而一举成名。作者根据此名曲最后一段"化蝶"的主题再现，以蝶影剪纸图案衬底，内嵌一把小提琴，突出放大的票主名字象征因此曲而扬名。

红尘獨愛一支玫瑰

—— 紀念陳歌辛誕辰100周年 ——

昱功先生 留念

（今天是父亲陈歌辛百年诞辰）

110/110　　　　　　包叶舟 2014

2014/9/19

陈钢

作者：包叶舟
技法：P3
尺寸：78×100mm
时间：2014

　　票主的父亲是著名作曲家陈歌辛，人称"歌仙"，一生创作歌曲近 200 首，其中《玫瑰玫瑰我爱你》《恭喜、恭喜》《夜上海》至今盛唱不衰。2014 年我应票主的要求，请作者包叶舟设计了这张纪念书票。

陈钢

作者：路戌亮
技法：S1/2
尺寸：78×80mm
时间：2014

票主十分喜爱书票，我前后帮他制作了四种，每次完成后均热情签名赠我留念。这是按丁聪以票主音乐观所作漫画处理制作的书票，形象地表达了三只耳朵听音乐：一只听古典音乐，一只听流行音乐，还有一只听现代音乐。

王家卫

作者：赖罗春
技法：C1
尺寸：96×80mm
时间：2013

王家卫，香港著名导演，其电影作品在华人世界深有影响。作者截取一格张曼玉主演的《花样年华》电影胶片的形式，创作了本书票，卷翘的胶片具有放映的动态，采用美柔汀技法制作。票主的签名也个性十足。

苏秀

作者：郑丹彦
技法：感光树脂版
尺寸：118×102mm
时间：2013

　　苏秀，著名电影译制片配音演员、导演。为
《尼罗河上的惨案》《化身博士》《红与黑》《望乡》
等数百部电影人物配音，执导了百余部译制片。
著有《我的配音生涯》等。作者以票主配音和导
演过的电影人物组合设计了本书票。

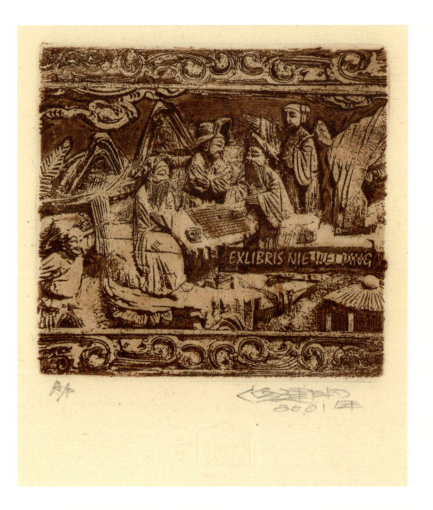

EXLIBRIS NIE WEI PING

聂卫平

作者：倪建明
技法：C3
尺寸：98×108mm
时间：2001

　　作者从中国传统花窗木雕中选取弈棋图案，以铜版技法为票主创作了本书票，再现了木雕的半浮雕艺术效果，结构饱满，人物形象生动。围棋大师聂卫平对此十分满意。

西文藏书票

威廉·钱伯斯

（William Chambers 1723–1796）

作者：不详

技法：C2

尺寸：6×9.5 cm

时间：1770 年后

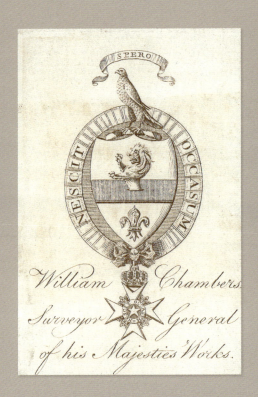

　　票主是英国建筑师与风景园林的绘画式造园大师。著有《民用建筑概述》《中国园林的艺术布局》《东方造园泛论》等。主持扩建皇家植物园邱园，在园内设计建造模仿南京大报恩寺琉璃塔的邱园中式塔。

　　票面中央是代表钱伯斯姓氏纹章盾徽，上方是置于两股捻丝环饰上的猎鹰羽饰，顶部是 "SPERO"（希望）绶带，盾徽下挂由瑞典国王古斯塔夫授予票主的瑞典皇家北极星骑士级勋章。旁侧采用手写体标注票主名讳与职务，William Chambers（威廉·钱伯斯），Surveyor General of his Majesties Works（英国皇家工程总测量师）。

乔治·马戛尔尼

（George Macartney 1737–1806）

作者：不详
技法：C2
尺寸：7.5×9.5 cm
时间：1792 年后

票主是英国近代著名政治家。英国访清特使团正使，于 1793 年抵达中国谒见乾隆皇帝。其将沿途见闻详录日记中，回国后由使团副使斯当东编撰出版《英使谒见乾隆纪实》，成为当时西方论述十八世纪中国社会最权威资料。

票面中一袭展开的披风中央是票主姓氏纹章，两侧是口衔苏格兰蓟、身饰爱尔兰酢浆草的大角鹿与身纹英格兰玫瑰的公马护盾兽，外圈标注"TRIA·JUNCTA·IN·UNO"（三位一体），盾徽上方装饰苏格兰圣安德烈十字等八面旗帜，盾徽下分别垂挂巴斯勋章与波兰白鹰勋章领环，下方是"MENS CONSCIA RECTI"（明晰是非之心）绶带。披风顶饰伯爵冠冕，底部标注"George Earl of Macartney, Knight of the Order of the White Eagle, and of the Bath"（乔治·马戛尔尼伯爵，白鹰勋章与巴斯勋爵士）。

爱德华·吉本

（Edward Gibbon 1737—1794）

作者：R·B·休斯
（R. B. Hughes）
技法：C2
尺寸：6×8.5 cm
时间：1780

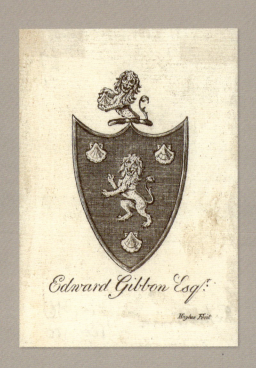

票主是英国历史学家，英国启蒙时代文史学之父。著有《罗马帝国衰亡史》。

票面中央是一块乔治王时代铲盾形制的盾徽，盾面图案是代表票主姓氏的金底黑立狮与三扇贝壳纹章，盾徽顶饰执扇贝壳的立狮半身像羽饰。下方标注"Edward Gibbon Esq"（爱德华·吉本先生），右下角标注"Hughes Fecit"（休斯作）。

乔治三世

（King George III 1738-1820）

作者：不详
技法：皮革烫金
尺寸：9×11 cm
时间：1714-1800

票主是英国国王兼任汉诺威国王。在位期间开始工业革命，组织欧洲反法同盟击败拿破仑一世，获得加拿大领地，在美国独立战争中败北，失去北美十三块殖民地。

该款为"Superexlibris"或"Supralibros"，即在书籍装订过程中，将所有者纹章直接烫印于书籍的皮革封面上的一种标记。乔治三世国王纹章烫金印于红棕色皮革上。中央铲形四等分盾徽，由代表大不列颠王国、法兰西王国、爱尔兰王国与汉诺威选侯国的纹章组成，外环"HONI SOIT QUI MAL YPENSE"（心怀邪念者蒙羞）的嘉德勋章吊袜带，顶饰代表国王的正面头盔盔饰，两侧配饰英格兰玫瑰与苏格兰蓟，其上是站立于英国王冠上的雄狮，两旁标注"GR"（乔治国王），盾徽两侧分立雄狮与独角兽护盾，下方悬挂"DIEU·ET·MON·DROIT"（我权天授）绶带。

威廉·豪利

（William Howley 1766-1848）

作者：不详
技法：C1
尺寸：6.5×9cm
时间：1828-1848

W. Cantuar:

票主是英国第 90 任坎特伯雷大主教。主持英国国王威廉四世与阿德莱德王后的加冕典礼，以及在威廉四世驾崩当天凌晨前往肯辛顿宫，通知维多利亚接任大英帝国王位。

票面中央盾徽图案由两个纹章连扣组成，左侧是代表坎特伯雷大主教管区的大主教牧徽，右侧是票主姓氏纹章。盾徽上方顶饰装饰四片草莓叶的大主教冠冕，下方标注"W. Cantuar"（坎特伯雷大主教威廉的缩写）。

罗伯特·皮尔

（Robert Peel 1788-1850）

作者：不详
技法：C2
尺寸：6×8 cm
时间：不详

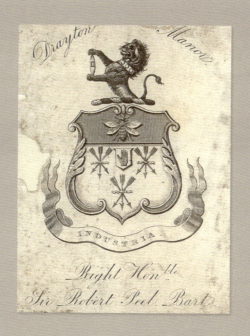

　　票主是英国保守党创建人，两次出任英国首相，从男爵。

　　票面盾徽图案为票主姓氏纹章，中央是代表票主从男爵身份的"左手掌"小盾徽。上方是置于两股捻丝环饰上的双爪持握金棱的半身跃立雄狮羽饰，下方是一条镌刻"INDUSTRIA"（工业。票主家族依靠英国工业革命发家）的绶带。顶部标注"Drayton Manor"（德雷顿庄园，票主家族宅邸），底部标注"Right Honble Sir Robert Peel Bart"（从男爵罗伯特·皮尔阁下）。

阿图尔·叔本华

（Arthur Schopenhauer 1788–1860）

作者：不详
技法：C2
尺寸：10×13.5 cm
时间：不详

票主是德国哲学家、作家与学者，唯意志论的创始人和主要代表之一。著有《作为意志和表象的世界》。

票面中央一块奇彭代尔装饰风格的椭圆盾徽，盾面图案是代表票主姓氏的纹章，四周圆润的C形、S形和涡旋状莨苕叶纹饰搭配花叶枝条。下方标注"Schopenhauer"（叔本华）。叔本华家中藏书大部分都贴有该票。

詹姆斯·罗斯柴尔德男爵

（Baron James de Rothschild 1792–1868）

作者：不详
技法：C2
尺寸：直径 5 cm
时间：1822 年后

　　票主是罗斯柴尔德金融家族创始人梅耶·罗斯柴尔德幺子。建立罗斯柴尔德巴黎银行，并热心资助过巴尔扎克、罗西尼、肖邦等艺术名家。去世前斥巨资收购法国查图·拉菲古堡。

　　票面图案采用印章样式。正中是 1822 年被奥地利帝国授予男爵后采用的家族纹章。中央盾徽由代表奥地利帝国的黑鹰、大英帝国的红狮与罗斯柴尔德家族的执五支箭矢的手臂纹章组成，盾徽中央加挂圆盾小盾徽。盾徽顶饰男爵冠冕，其上是分别装饰着水牛角、黑鹰与三根鸵鸟羽毛的盔饰羽饰组合，盾徽两侧是雄狮与独角兽护盾兽。外圈标注"Bibliothèque du Baron James de Rothschild"（詹姆斯·罗斯柴尔德男爵图书馆）。

乔治·班克罗夫特

（George Bancroft 1800–1891）

作者：不详
技法：C2
尺寸：85×14cm
时间：不详

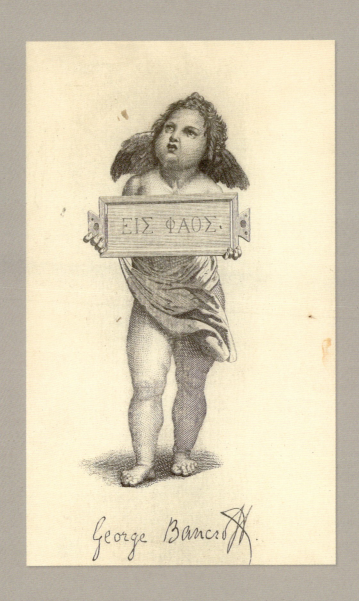

票主是美国历史学家。著有 10 卷本《美国史》，被誉为"美国历史之父"。

票面刻画了一位古希腊风格装束，背生一对羽翼的胖男孩形象的第二等级智天使。其双手捧持镌刻"ΕΙΣ ΦΑΟΣ"（向着光明）的镶嵌板，下方复刻票主的亲笔签名"George Bancroft"（乔治·班克罗夫特）。

阿尔弗雷德·丁尼生

（Alfredlord Tennyson 1809–1892）

作者：不详
技法：X1
尺寸：8×10.5 cm
时间：1829 年后

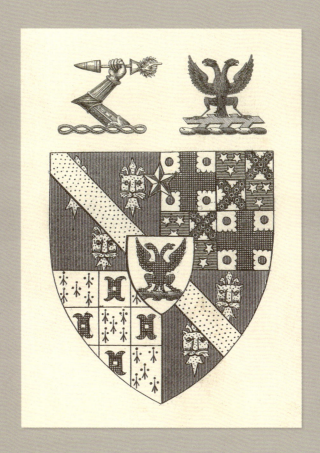

　　票主是英国维多利亚时代最受欢迎及最具特色的桂冠诗人。

　　该款为匿名藏书票。票面中盾徽纹章与加挂的小盾徽展示了票主家族较复杂的继承关系。包含了票主姓氏纹章，传承自曾祖母作为继承人承袭的克莱顿姓氏纹章与高祖母作为共同继承人承袭的希尔德亚德姓氏纹章等。盾徽中央上方有（中央带孔的）星形家系图案，代表票主为家中三男（注：丁尼生本是第四子，票作设计时其长兄已逝），盾徽顶饰分别代表丁尼生与克莱顿姓名纹章的羽饰。该票另有票主签名与添加家族箴言的另两个版本。

查尔斯·狄更斯

（Charles Dickens 1812-1870）

作者：约翰·奥弗斯
（John Overs）
技法：C2
尺寸：10×13.5 cm
时间：1840

CHARLES DICKENS.

　　票主是英国批判现实主义作家。代表作有《匹克威克外传》《雾都孤儿》等。

　　票面描绘一头伏卧于两股捻丝环饰上，右爪擎变体"马耳他十字架"的雄狮，吐舌（代表能言，有智慧），狮尾上翘置于身前。该图案取自狄更斯姓氏纹章中的羽饰部分。书票下方标注"CHARLES DICKENS"（查尔斯·狄更斯）。已知该藏书票共存两种雕刻版本，区别在于狮尾鬃毛，均为狄更斯所有。

保罗·朱利斯·路透

（ Paul Julius Reuter 1816–1899 ）

作者：不详
技法：C2
尺寸：9×11.5 cm
时间：1871 年后

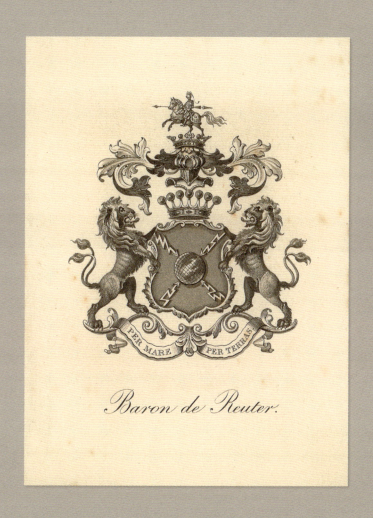

Baron de Reuter.

票主是犹太裔新闻媒体先驱，路透社创始人，拥有德国与英国的男爵头衔。

票面盾徽中央是置于四道闪电之间的地球仪，盾徽顶饰（德式）男爵冠冕，上方是正面位盔饰以及装饰草莓叶与银珠冠冕组合，其后是延展而出的垂帷；盔饰上方是一匹驰骋骏马，乘载一位右手持长矛、左手执盾身着银盔的冲锋甲士羽饰；盾徽两侧是跃立状的双叉尾雄狮护持兽，其足下是标注"PER MARE PER TERRAS"（穿越海洋与陆地）的箴言绶带。票面底部标注"Baron de Reuter"（路透男爵）。

查理·金斯莱

（Charles Kingsley 1819–1875）

作者：不详
技法：C1
尺寸：6.5×8.5 cm
时间：不详

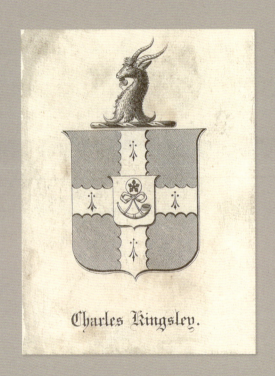

票主是英国作家，诗人，剑桥大学现代史教授，皇家牧师，爱德华七世国王家庭教师。著有历史小说《向西方》和儿童读物《水孩子》等。

票面图案为一块维多利亚时代样式的盾徽，盾面图案是票主姓氏纹章，顶饰置于两股捻丝环饰上的山羊首羽饰。下方标注"Charles Kingsley"（查理·金斯莱）。

维多利亚女王
（Queen Victoria 1819–1901）

作者：乔治·威廉·伊芙
（George William Eve）
技法：P1
尺寸：13.5×18 cm
时间：1898

票主是英国汉诺威王朝末代女王兼印度女皇。在位期间使得英国成为日不落帝国。

票面中央是由代表英格兰、苏格兰与爱尔兰纹章组成的四等分盾徽，两侧站立雄狮与独角兽护盾兽，盾徽顶饰英国国王冠冕，两侧标注 V R I（Victoria Regina et Imperatrix 维多利亚女王）。站立在王冠上的雄狮两侧增设两条嘉德勋章吊袜带，中央分别装饰圣乔治十字纹章与亨利七世的都铎玫瑰纹章，其上、下方标注"ex bibliotheca regia in castel de windesor"（温莎城堡王室图书馆）。书票底部是橡果与月桂叶装饰带，中央设置一朵都铎玫瑰。该票为用于对开本（folio volumes）的专属藏书票。

阿尔弗雷德·贝恩哈德·诺贝尔

（Alfred Bernhard Nobel1833—1896）

作者：不详
技法：C2
尺寸：4×25 cm
时间：不详

　　票主是瑞典化学家、工程师与发明家。因发明以硝化甘油作为药体，矽藻土作为载体的黄色安全炸药而闻名于世。诺贝尔奖创始人。

　　票面矩形框内镌刻"EX LIBRIS"与"A.NOBEL"（属于阿·诺贝尔的藏书票），下方搭配两根交叉的月桂枝。

安德鲁·卡内基

（Andrew Carnegie 1835-1919）

作者：不详
技法：X1
尺寸：9×12cm
时间：不详

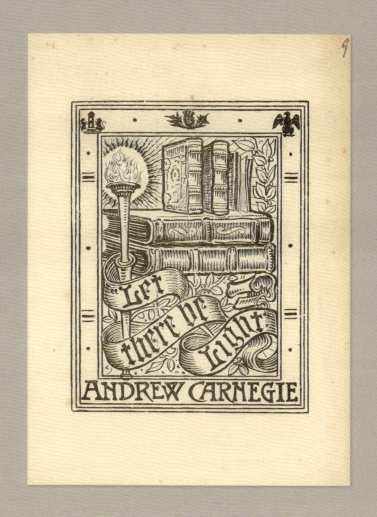

　　票主是苏格兰裔美国实业家、慈善家，卡内基钢铁公司创始人。被誉为"美国慈善事业之父"。

　　票面上方或平放或竖立着多部珍本图书，左侧边是一炬熊熊燃烧，照亮一方的火把灯，哥特体"LET THERE BE LIGHT"（要有光）的箴言绶带缠卷灯把手。外圈上方分别装饰着票主家乡邓弗姆林镇的"双狮护持塔楼"纹章，票主祖籍苏格兰的蓟以及代表票主姓氏的"展翅雄鹰"纹章。底部标注"ANDREW CARNEGIE"（安德鲁·卡内基）。

约翰・皮尔庞特・摩根

（John Pierpont Morgan 1837-1913）

作者：不详
技法：皮革烫金
尺寸：3.5×4 cm
时间：不详

　　票主是美国银行家，通过一系列金融资本与工业资本垄断结合，建成了一个庞大的金融帝国，被称为"金融寡头"。同时亦是艺术收藏家，在纽约建有皮尔庞特・摩根图书馆。

　　票面正中盾徽图案是象征票主姓氏起源地的威尔士龙，顶饰代表票主祖先曾是蒙茅斯骑士的侧位骑士头盔盔饰，再上方是代表票主出自摩根家族爱尔兰分支的爱尔兰鹿首顶饰。一条镌刻"ONWARD AND UPWARD"（勇往直前）的箴言绶带置于盾徽后方。外侧环饰镌刻"John Pierpont Morgan"（约翰・皮尔庞特・摩根）的绶带。另有印于红、棕与绿色皮革的版本。

詹姆斯·穆雷

（James Murray 1837-1915）

作者：约翰·温尼康伯
（John Vinycomb）
技法：C2
尺寸：9×11.5 cm
时间：1899

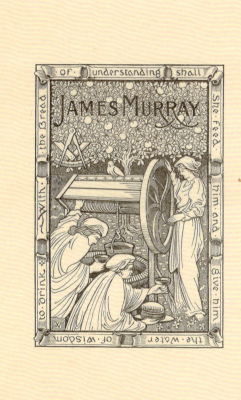

票主是英国辞书学家、语文学家。《牛津英语词典》主编。

票面描绘两位学者手持水杯与面包于井台旁，等候一位女士从井中汲水来饮用。一棵结满果实的苹果树立于远处，票主姓名"JAMES MURRAY"标注于占据票面上部的树冠中，下方是共济会"分规与曲尺"标记，表明是苏格兰共济会会员。图案四周标注源自《圣经·德训篇》的警句"With the bread of understanding shall she feed him and give him the water of wisdom to drink"（知识的累积必须依靠理解力来完成），正是票面图案的写照。

路易斯·康福特·蒂芙尼

（Louis Comfort Tiffany 1848–1933）

作者：不详
技法：C1
尺寸：8×10.5 cm
时间：不详

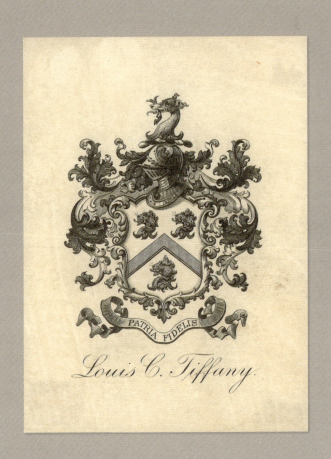

票主是美国艺术家，"蒂芙尼"公司创始人之子。创建蒂芙尼工作室并发明螺旋形纹理和多面形钻石切割工艺。作为玻璃制品专家，其设计的灯饰使得蒂芙尼成为美国新工艺的杰出代表。

票面正中盾徽使用票主姓氏纹章图案，盾徽顶饰侧位骑士头盔盔饰，配饰向两侧延展的垂帷，其上是置于两股捻丝环饰上的源自票主母亲家族姓氏"Young"纹章的口衔羊蹄的柴犬羽饰。下方是"PATRIA FIDELIS"（永远忠于祖国）箴言绶带，底部标注"Louis C. Tiffany"（路易斯·康·蒂芙尼）。

威廉·海斯科斯·利华

（William Hesketh Lever 1851–1925）

作者：不详
技法：C2
尺寸：9×12cm
时间：1922

票主是英国日化业巨头，联合利华初代创始人，第一代利华休姆子爵。

票面盾徽采用票主姓氏纹章图案，顶饰十六银珠子爵冠冕，其上是代表贵族阶层的侧面头盔盔饰，配饰向两侧延展的垂帷；再其上是立足于金色小号之上的公鸡羽饰。盾徽两侧是两头臂膀分别装饰兰开斯特红玫瑰与花环的公立象，象足立于"MUTARE · VEL · TIMERE · SPERNO"（我不屑改变或害怕）箴言绶带之上，底部是标注"VISCOUNT · LEVERHULME OF THE WESTERN ISLES"（西部群岛的利华休姆子爵）的铭牌。

乔治·伊士曼

（George Eastman 1854–1932）

作者：不详
技法：P8
尺寸：8.5×11.5 cm
时间：不详

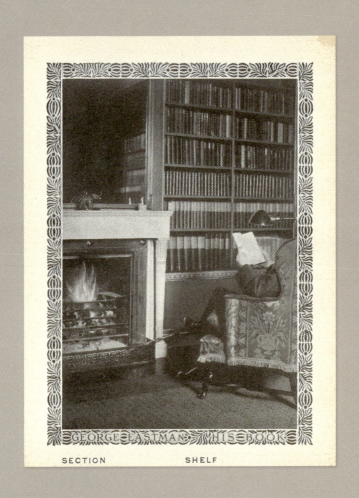

SECTION　　　　SHELF

　　票主是美国企业家、发明家与慈善家。"柯达"公司创始人，卷式感光胶卷与第一台自动照相机的发明人。

　　该票图案选取一幅票主在藏书室阅读休憩的照片，通过照相复制技法印制。票面展示票主书房一隅，书柜中成排珍本如士兵整装列队，一旁壁炉燃烧正旺。票主本尊正背对镜头，惬意地倚坐于靠背扶手椅中捧书阅读，此情此景让人不禁感觉读书实在是一种好享受。外围装饰一圈花边，其中底边标注"GEORGE EASTMAN·HIS BOOK"（乔治·伊士曼 他的藏书）底部标注"SECTION"（区域）与"SHELF"（书架）。

金・坎普・吉列
（King Camp Gillette 1855–1932）

设计：金・坎普・吉列
雕版：弗雷德里克・查尔斯・布兰克
　　（Frederick Charles Blank）
技法：C1
尺寸：9×11.5 cm
时间：1929

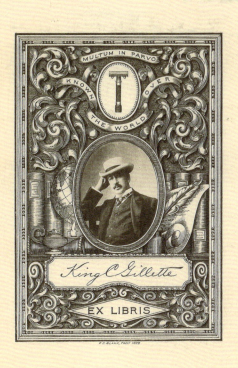

　　票主是美国企业家，"吉列"公司创始人。可替换刀片的安全剃须刀发明人。

　　票面正中位置由票主正装照替代传统盾徽，上方一把吉列剃刀取代盔饰顶饰，箴言绶带由现代英语替换艰涩拉丁文，标注"KNOWN THE WORLD OVER"（世界闻名）。背景装饰在传统卷叶下方增加了图书、燃烧的油灯、羽毛笔与羊皮纸。下方铭牌上复刻票主亲笔签名"King C Gillette"（金・坎・吉列）。

西奥多·罗斯福

（Theodore Roosevelt 1858—1919）

作者：不详
技法：X1
尺寸：7.5×10 cm
时间：不详

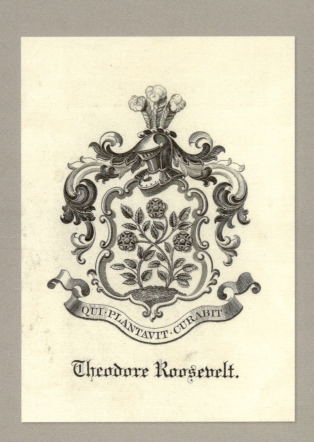

票主是老罗斯福总统，昵称泰迪。荷兰裔美国军事家、政治家与外交家。第 26 任共和党籍美国总统。

票面中央是齐彭代尔样式盾徽，图案采用票主家族纹章，种植于土地上的双株三朵玫瑰，代表票主祖籍地位于荷兰莱茵河口的托伦岛"玫瑰田"。盾徽顶饰侧位骑士头盔盔饰，配饰向两侧延展的垂帷，其上是置于两股捻丝环饰上的三根鸵鸟羽毛羽饰。盾徽下方是"QUI PLANTAVIT CURABIT"（耕种者自存）家族箴言绶带。底部用哥特体标注"Theodore Roosevelt"（西奥多·罗斯福）。

威廉二世皇帝

（Kaiser Wilhelm II 1859–1941）

作者：埃米尔·多普勒
（Emil Doepler）
技法：X1
尺寸：11×14 cm
时间：1896

票主是德意志帝国皇帝、普鲁士王国国王以及霍亨索伦家族族长。第一次世界大战在其策划之下失控爆发，战败后退位。

票面正中是象征德意志帝国皇权的帝国雄鹰盾徽，雄鹰胸口加挂普鲁士王国纹章小盾徽，一头胸口挂饰霍亨索伦家族银黑格纹盾徽，头顶王冠，双爪分擒权杖与十字架圣球的黑色雄鹰。盾徽顶饰德意志帝国皇冠，下挂饰普鲁士王国最高等级的黑鹰勋章与领环。外围环绕标注"EX LIBRIS WILHELMI·II IMPERATORIS REGIS"（属于威廉二世皇帝藏书）的绶带。一部呈倒V字放置的珍本图书在下方支撑着帝国鹰徽，并与左右两侧斜置的书本组成票主名字首字母"W"，两侧珍本书脊上装饰勃兰登堡选帝侯红鹰纹章与票主专属的"WR"徽记图案。该票有黑色与棕色油墨印制的两种版本。

莫里斯·梅特林克

（Maurice Maeterlinck 1862-1949）

作者：玛蒂尔德·阿德
（Mathilde Ade）
技法：P3
尺寸：11.5×16 cm
时间：1902

票主是比利时剧作家、诗人与散文家。1911年诺贝尔文学奖得主，代表作《青鸟》。

也许是受到票主刚创作完成的《蜜蜂的生活》影响。票面选用蜂巢为背景，中央是一株根系发达的植物，分叉枝丫顶端生长着两本图书。一本翻开如绽放花朵，一部半闭合如含苞花蕾。无数蜜蜂或停留书本之上，或正从远近四处飞来，似采蜜般汲取书中知识。植株两侧标注"ALLE FÜR EINE""EINE FÜR ALLE"（人人为我，我为人人），票面顶部与底部分别标注"MAURICE MAETERLINCK""EX-LIBRIS"（属于莫里斯·梅特林克的藏书）。

大卫·劳合·乔治

（David Lloyd George 1863–1945）

作者：不详
技法：C2
尺寸：7.5×11.5 cm
时间：不详

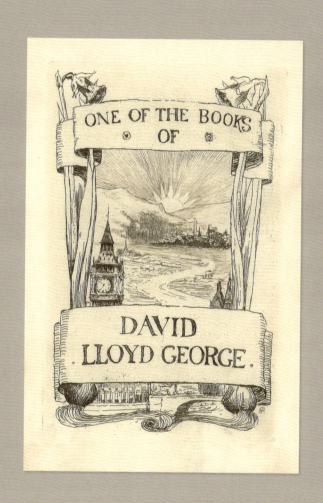

票主是英国一战战时内阁首相，目前为止唯一一位威尔士裔首相，第一代德威弗尔的劳合·乔治伯爵。

票面中一条长河从远处旭日初升的山谷中蜿蜒流出，沿途两岸城镇隐绰而不可辨识，只近前处伫立着伦敦地标，英国国会大厦威斯敏斯特宫附属钟塔大笨钟。图案外侧装饰两棵巨大的威尔士国花——洋水仙。上方与下方各有一幅展开绶带，标注"ONE OF THE BOOKS OF DAVID LLOYD GEORGE"（大卫·劳合·乔治藏书之一）。

约瑟夫·鲁德亚德·吉卜林

（Joseph Rudyard Kipling 1865—1936）

作者：约翰·洛克伍德·吉卜林
（John Lockwood Kipling）
技法：C3
尺寸：6.5×8.5 cm
时间：1909

票主是英国作家、诗人。1907 年诺贝尔文学奖得主。

票面上一座雕刻印度笈多王朝雀鸟衔枝图案的门廊中，是一头大象背负一座象轿在野外行进的场景。轿中人背靠软垫，怡然地捧书阅读间或吸一口水烟，两旁是印度御象夫与伺烟仆从。大象鼻衔一朵莲花，象身盖毯上标注"EX LIBRIS"。底部中央标注"RUDYARD KIPLING"（鲁德亚德·吉卜林），两旁是设计师花押与制作年份 1909。该票由票主在孟买担任建筑雕刻教授的父亲设计雕版于 1894 年，后于 1909 年略作修改，使得象背上的阅读者更像票主本人。故有两种版本。

玛丽王后

（Queen Mary 1867-1953）

作者：查尔斯·威廉·舍邦
（Charles William Sherborn）
技法：C2
尺寸：7×11 cm
时间：1901-1910

　　票主是英国国王乔治五世王后，爱德华八世与乔治六世国王的母亲。其一生经历英国六位君主的王位交替。此票制作时，票主身份为约克公爵夫人。

　　票面中央是一块由雅各宾涡卷花饰装饰的椭圆形盾徽，盾面刻画票主姓名首字母"V" "M"（Victoria Mary）。顶部装饰一朵约克白玫瑰，周围配饰六丛山楂花花束（票主闺名昵称为 May，英语中有山楂花之意）。盾徽顶饰着象征票主当时身份的四"十字架"与四"鸢尾花"形制的君主子女冠冕。

沙皇尼古拉二世

（Czar Nicholas II 1868–1918）

作者：阿明·尤金·冯·弗勒克森
（Armin Eugene von Fölkersam）

技法：P1

尺寸：6×8 cm

时间：1907

　　票主是俄罗斯帝国罗曼诺夫王朝末代皇帝。第一次世界大战爆发时不顾民怨，下令参战，导致国内先后爆发二月革命和十月革命。后被迫退位，并被处决。

　　票面以金色月桂树为背景，中央是传承自拜占庭帝国的双爪抓握权杖与金球十字架的双头黑鹰纹章，双头鹰顶饰代表沙皇征服喀山、阿斯特拉罕与西伯利亚的三皇冠（另一种说法是象征国家统一的彼得大帝三皇冠）。黑鹰胸口装饰尼古拉二世徽记"H II"小盾徽，盾徽顶饰沙皇皇冠，外侧环饰一挂代表俄罗斯帝国最高荣耀的圣安德烈勋章领环。双头黑鹰背靠一架天蓝色圣安德鲁十字架，下方是一部翻开的图书，其上用俄文标注"尼古拉二世陛下私人图书馆：冬宫"。

皮埃尔·塞缪尔·杜邦

（Pierre Samuel du Pont 1870–1954）

印制：纽约艾姆斯和罗林森艺术坊
（Ames & Rollinson）
技法：CI
尺寸：8.5×11.5 cm
时间：20 世纪 20 年代

票主是美国杜邦家族第三代掌门人，杜邦公司总裁。毕业于麻省理工学院，拥有两项无烟火药专利。他对植物花卉与园艺情有独钟，斥巨资购买了已有 200 年历史的长木花园，并在其后 30 年亲自设计规划其中的园林、花园与温室。

票面中央是一个摊开书本样式的画框，描绘票主位于长木花园内的宅邸雪景。下方铭牌标示"LONGWOOD"（长木）。右侧装饰一块属于自法国移民美国的杜邦家族第一代族长注册使用的专属纹章盾徽，爱奥尼克柱顶饰正位骑士盔饰，下方是"RECTITUDINE STO"（正直挺立）的家族箴言绶带。画框左侧是"EX LIBRIS"绶带。下方两条盛放"皮埃尔·塞缪尔·杜邦夫人玫瑰"的花枝蜿蜒向下。底部铭牌标注"PIERRE S. DU PONT"（皮埃尔·塞·杜邦）。根据长木花园官网记载，该票是票主位于长木花园图书馆的专属藏书票。

约翰·卡尔文·柯立芝

（John Calvin Coolidge 1872−1933）

作者：蒂莫西·科尔
（Timothy Cole）
技法：C2
尺寸：9×12.5 cm
时间：1929

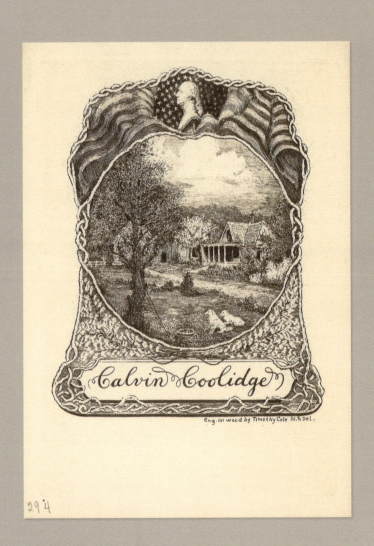

票主是第 30 任共和党籍美国总统。

票面刻画票主位于佛蒙特州普利茅斯的农庄祖宅景致。远处乔灌掩映中的农舍，近前树下放置的钓竿鱼篓，一旁趴卧于草地的牧羊犬，显示一派祥和的田园风光。图案顶部以美国星条旗为背景，中央安放着华盛顿侧面塑像。下方是一块置于花草藤蔓中的铭牌，标注"Calvin Coolidge"（卡尔文·柯立芝）。

塞缪尔·科陶德

（Samuel Courtauld 1876–1947）

作者：保罗·纳什
（Paul Nash）
技法：X1
尺寸：9.5×13.5 cm
时间：约 1930

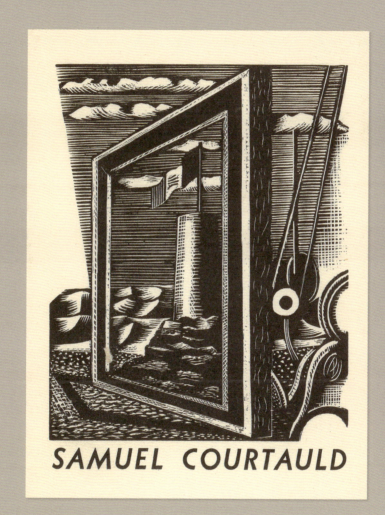

SAMUEL COURTAULD

票主是英国实业家。英国历史上最重要、最具远见的艺术赞助人。被誉为"印象派和后印象派殿堂"的科陶德美术馆创办人。

该票为英国超现实主义风格，带有立体与漩涡主义的回声。票面正中是一架木质画框，透过画框可见一座矗立于海岸边飘扬法国国旗（代表票主出自法国胡格诺教派家族）的防御石塔，右侧的丝线与轴轮代表票主家族财富来自"人造丝"产业。票面底部标注"SAMUEL COURTAULD"（塞缪尔·科陶德）。该票是票主收藏的艺术书籍和艺术家作品的专属藏书票。也是英国超现实主义画家保罗·纳什唯一一件署名（花押）的木刻作品。

杰克·伦敦

（Jack London 1876–1916）

作者：欧内斯特·詹姆斯·克罗斯
（Ernest James Cross）
技法：X1
尺寸：10×13cm
时间：约1910

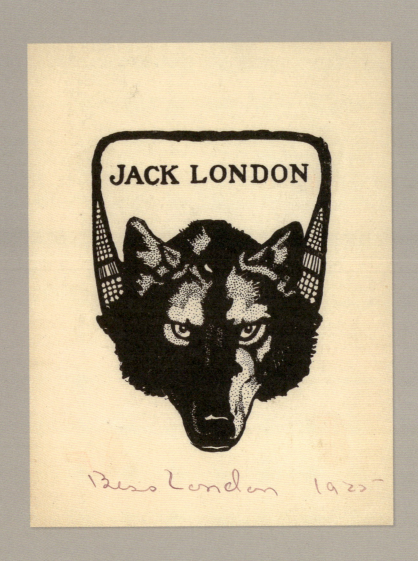

票主是美国现实主义作家。著有《狼的儿子》《野性的呼唤》《白牙》等小说。

票面是票主小说中狼与犬杂交的"白牙"头像，配以雪鞋标记组合而成。上方标注"JACK LONDON"（杰克·伦敦）。票面底部有票主女儿亲笔签名"Bess London 1925"。

路易斯·雷诺
（Louis Renault 1877–1944）

印制：法国贝纳通雕版工坊
（Benneton Graveur）
技法：C1
尺寸：9.5×9.5 cm
时间：不详

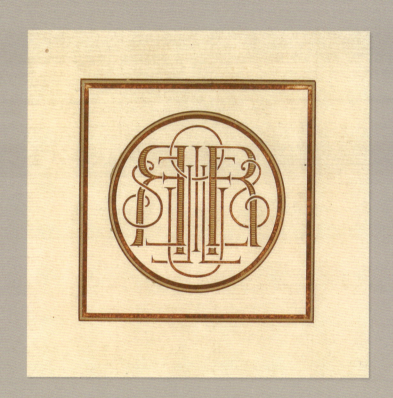

票主是法国实业家，汽车工业先驱之一，雷诺汽车创始人。

票面图案置于外方内圆形的两层图框中，由票主姓名"Louis Renault"字母组成，左右对称，文艺复兴样式。字母图案似当时汽车正脸。设计师在字母"R"上加刻齿纹，凸显立体感。该票采用棕色油墨印制，并有普通版与烫金版两种版本。

阿尔伯特·爱因斯坦
（Albert Einstein 1879—1955）

作者：埃里希·比特纳
（Erich Büttner）
技法：P1
尺寸：8.5×9cm
时间：1917

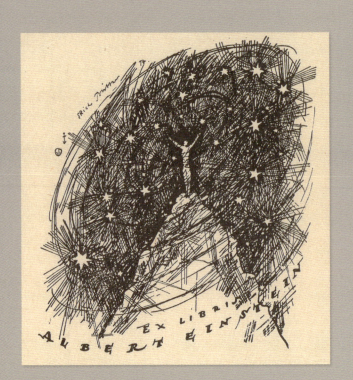

　　票主是犹太裔物理学家。创立狭义相对论、广义相对论等。

　　票面描绘一人立于山巅，双手高举，似在拥抱整个宇宙星空。山脚下标注"EX LIBRIS ALBERT EINSTEIN"（属于阿尔伯特·爱因斯坦的藏书），图案左上角有设计师签名体花押。

皮埃尔·泰亚尔·德·夏尔丹

（Pierre Teilhard de Chardin 1881-1955）

印制：法国贝纳通雕版工坊
（Benncton Graveur）
技法：CI
尺寸：11×14 cm
时间：不详

票主是法国耶稣会士，古生物学家，中国旧石器时代考古学的开拓者和奠基人之一。

票面图案被设计为一枚火漆封印。中央的四等分盾徽中，由票主姓氏纹章与票主姓氏起源地，法国诺曼底 Saint-Valery-en-Caux 地区纹章组成。盾徽顶饰法国伯爵冠冕，代表其家族自法国路易十八时代获封贵族称号，其上是燃烧的椴树羽饰，盾徽两侧由一对双足飞龙护持。外圈是"IGNEUS EST OLLIS VIGOR ET CELESTIS ORIGO"（火是他们的能量和起源）箴言绶带。盾徽下方悬挂一枚"法国战争十字奖章"，是对德日进在一战中英勇参战的褒奖。该票有黑色与棕色油墨印制的两种版本。

克莱门特·理查德·艾德礼

（Clement Richard Attlee 1883–1967）

作者：不详
技法：X1
尺寸：6.5×6.5 cm
时间：不详

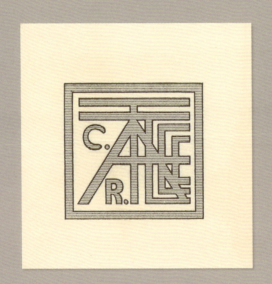

票主是英国工党首相。在二战后实行大规模福利事业，建立国民医疗服务制度。第一代艾德礼伯爵。

这是第一款完全放弃纹章图案而采用现代设计的首相藏书票。木纹背景色图案，由票主姓名"C. R. ATTLEE"组成。票主姓氏ATTLEE采用字母叠套，似桁梁支撑结构。

埃莉诺·罗斯福

（Eleanor Roosevelt 1884–1962）

作者：多萝西·斯特吉斯·哈丁
（Dorothy Sturgis Harding）
技法：P1
尺寸：9×14 cm
时间：1935

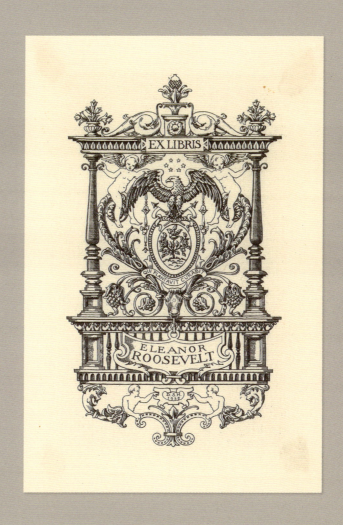

票主是美国政治家与外交家。老罗斯福总统侄女，第 32 任美国总统富兰克林·罗斯福的妻子。第二次世界大战后出任美国首任驻联合国大使。

票面采用传承自票主丈夫家族第一代赴美开拓者克莱斯·范卢兹维尔特专属的单株三朵玫瑰花纹章（小罗斯福分支专属纹章）。盾徽上方顶饰展翅抓矢的美国国鸟白头海雕，下方是"QUI PLANTAVIT CURABIT"（耕种者自存）绶带，盾徽两侧展开的巨大莨苕叶上托举一对护盾天使，下坠累累硕果与国兽美洲野牛兽首，标注"ELEANOR ROOSEVELT"（埃莉诺·罗斯福）的名牌悬于牛鼻环之上。纹章两侧立柱支撑一座古希腊风格廊顶，其上对称布置海豚装饰物与玫瑰花盆栽。票面底部是设计师为自己设计的饰板，标注"D.S.H. 1935"。

杰罗姆·科恩

（Jerome Kern 1885–1945）

作者：不详
技法：皮革烫金
尺寸：3×2.5 cm
时间：不详

　　票主是"现代美国音乐剧之父"和美国剧场音乐的先驱。美国音乐剧历史上最伟大作曲家之一，英文金曲《Smoke Gets in Your Eyes》曲作者。

　　票面图案烫金。鼓形外框内上下两条相交抛物线，中央是一把提琴与一副琴弓。顶部与底部分别标注"EX LIBRIS JEROME KERN"（属于杰罗姆·科恩的藏书）。

伯纳德·劳·蒙哥马利

（Bernard Law Montgomery 1887–1976）

作者：不详
技法：X1
尺寸：9.5×11 cm
时间：不详

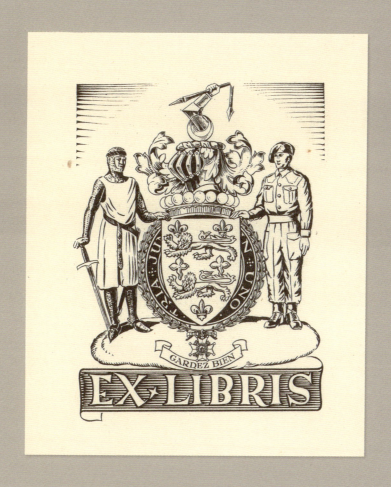

票主是英国二战名将，陆军元帅，第一代阿拉曼的蒙哥马利子爵。

这款匿名票票面中央是票主姓氏纹章，盾徽顶饰十六银珠子爵冠冕，上方是代表贵族阶层的头盔盔饰，其后是延展而出的垂帷，再其上是置于捻丝环饰上的握断矛的手臂羽饰。盾徽外侧内圈镌刻"TRIA JUNCTA IN UNO"（三位一体），外圈是两根合围的月桂枝，下挂一枚爵级大十字巴斯勋章，并配饰"GARDEZ BIEN"（保持良好）的箴言绶带。盾徽两侧分别是一位披挂连头套全身锁子甲外罩布袍，手挂佩剑的古代武士与身着连体服配黑色贝雷帽的二战英军坦克兵。票面底部绶带则只镌刻"EX·LIBRIS"。

安尼塔·卢斯
（Anita Loos 1888–1981）

作者：弗兰克·沃尔茨
（Frank Walts）
技法：C2
尺寸：8×10 cm
时间：不详

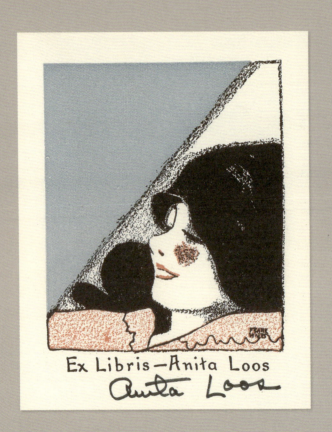

票主是美国好莱坞编剧、导演、演员与制片人。令玛丽莲·梦露一夜成名的电影《绅士爱美人》便是由其创作的同名小说改编，邵洵美于 1932 年将小说用苏白译成《碧眼儿日记》。

票面描绘一位头戴黑色钟形帽，身着粉色外套，一应美国太妹时代装扮的摩登女郎，其眼目微闭，腮色酡红，面露笑容。票面下方标注"Ex Libris-Anita Loos"（属于安尼塔·卢斯的藏书）。底部有票主亲笔签名。

理查德·伊夫林·伯德
（Richard Evelyn Byrd 1888-1957）

作者：埃德温·戴维斯·弗伦奇
（Edwin Davis French）
技法：电铸版
尺寸：7.5×8.5 cm
时间：1899 年后

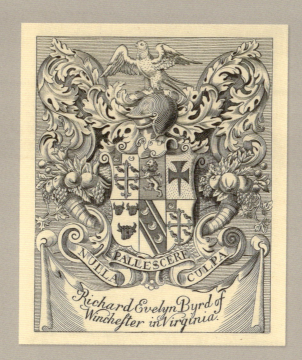

票主是美国极地探险家。20 世纪航空先驱者，首批飞越南北两极的人。美国国会勋章获得者。

该票以 1899 年美国雕版大师弗伦奇为票主父亲重刻的藏书票为蓝本，制作电铸版（Electrotype）印刷制成。票面中央的雅各宾样式六等分盾徽由票主姓氏纹章与其英国先祖布罗克斯顿家族纹章组成，两侧装饰花果，盾徽顶饰侧位骑士头盔盔饰，配饰向两侧延展的垂帷，其上是置于两股捻丝环饰上的展翅飞鸟羽饰，盾徽下方是标注 "NULLA PALLESCERE CULPA"（未罪而脸白）的箴言绶带，底部一袭帷幔标注 "Richard Evelyn Byrd of Winchester in Virginia"（弗吉尼亚温彻斯特的理查德·伊夫林·伯德）。

217

查理·卓别林

（Charlie Chaplin 1889-1977）

作者：R·瓦格纳
（R. Wagner）
技法：P7
尺寸：6.5×10 cm
时间：1910-1920

　　票主是英国影视男演员、导演、编剧。两次荣膺奥斯卡金像奖荣誉奖。

　　画面中央一位立于垃圾堆中衣着褴褛的小流浪汉，一手执一顶月桂冠，一手牵一条杂毛小狗，正抬头远眺泰晤士河对岸雾气中隐绰可见的英国议会大厦威斯敏斯特宫。这幅场景被司职"喜剧与牧歌"的缪斯女神塔利亚的象征物"喜剧面具"所照耀，似乎预示少年未来将会被女神眷顾，摘得喜剧表演的桂冠。面具上方标注"Charles Chaplin"（查理·卓别林），票面左下角标注"His Book"（他的书），右下角是卓别林所演角色标志性道具——大头皮鞋与弯柄手杖。美国国会图书馆档案中一封票主秘书撰写的信笺记载，票中小流浪汉以卓别林童年形象为蓝本，远处便是当时伦敦天际线。

西德尼·戴维·甘博
（Sidney David Gamble 1890–1968）

作者：不详
技法：C1
尺寸：7×10 cm
时间：不详

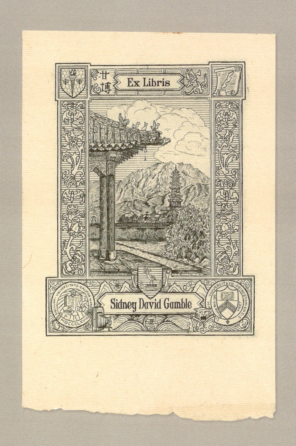

　　票主是美国社会经济学家、人道主义者和摄影家，燕京大学社会学系创建者之一。曾以基督教青年会教士身份长期走访中国各地，著有《北京的社会调查》等。

　　票面中央一幅中式园林及宝塔的影像被置于一座通体刻画蝙蝠、花枝、山海与云纹等中国传统纹样的中式边框内。顶部中央标注"Ex Libris"，左侧是票主中文名"甘博"，底部中间标注"Sidney David Gamble"，一块取自票主姓氏纹章中的衔玫瑰立鹤羽饰盾徽立于上方。门廊四角是代表票主传教士身份的"火炬蜜蜂"与"羽毛笔羊皮纸"图案，以及票主学习、工作过的普林斯顿大学与加州大学校徽。

诺埃尔·科沃德

（Noël Coward 1899~1973）

作者：G.E.C
技法：P1
尺寸：8.5×10.5 cm
时间：不详

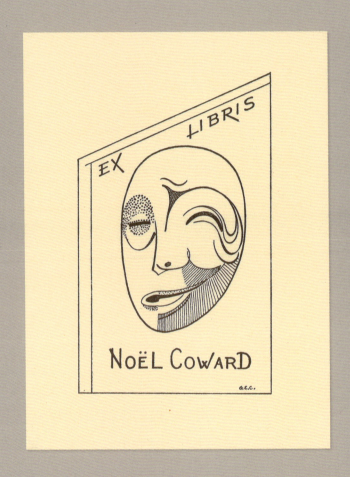

票主是英国演员、导演与剧作家。1943 年奥斯卡荣誉奖（奥斯卡终身成就奖）得主。1930 年因罹患流感，滞留位于上海外滩的华懋饭店（今和平饭店），在短短四天内创作《私人生活》剧作，此剧至今仍在西区剧院上映。

票面图案选取艺术人士专属标识，一幅挂于墙上的源自缪斯女神象征物的悲喜面具，道出了票主所创作剧本中的无常人生。同时暗合了《时代》杂志对票主"脸颊、时尚、姿势、姿态"大师的评价。面具上下方标注"EX LIBRIS NOËL COWARD"。画框右下角"G.E.C."应是设计师姓名缩写。

乔治·库克

（George Cukor 1899–1983）

作者：保罗·兰德克
　　（Paul Landacre）
技法：X1
尺寸：6×8cm
时间：1936

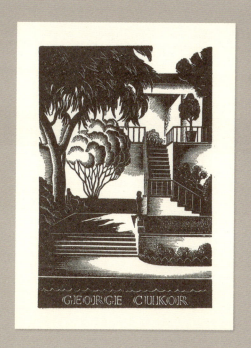

票主是美国犹太裔电影导演。荣膺第 37 届奥斯卡最佳导演奖，第 22 届美国金球奖最佳导演奖，第 19 届英国电影学院奖最佳导演奖以及第 39 届威尼斯国际电影节终身成就金狮奖。

票面图案出自设计师参观票主位于日落大道的新豪宅，站在泳池边绘就的一幅庭院素描。票面场景中遍植高大乔木与低矮灌木，一道折角楼梯通往室内，近前处泳池波纹中标注"GEORGE CUKOR"（乔治·库克）。

葛丽泰·嘉宝

（Greta Garbo 1905–1990）

作者：安德烈·亨利
（André Herry）
技法：X1
尺寸：9.5×13 cm
时间：1939

票主是瑞典籍好莱坞影星。曾3次提名奥斯卡最佳女主角，并于1955年获得第27届奥斯卡终身成就荣誉奖。1999年被美国电影学会选为百年来最伟大的女演员第5名。

票面用寥寥几刀刻画出票主本人的侧脸肖像。一张昂起的俏脸，弯眉似钩、长睫如帘、琼鼻若玉、朱唇赛胭，配上一头微卷披肩发，一位绝色佳人便跃然纸上。票面底部标注"GRETA GARBO"（葛丽泰·嘉宝）。另有顶部刻有"EX_LIBRIS"的字样。

黄柳霜
（Anna May Wong 1905–1961）

作者：威利·波加尼
〔Willy Pogany〕
技法：X1
尺寸：11×16.5 cm
时间：不详

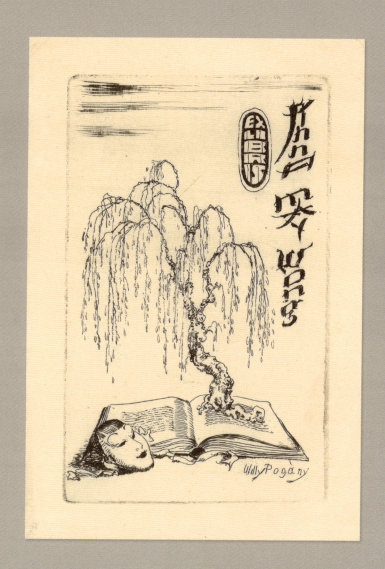

票主是美籍华裔好莱坞默片女演员。第一位在好莱坞星光大道留印的华人。

票面采用中式风格。一株暗合票主芳名的葱郁歪脖垂柳扎根于一部摊开的书本。书旁放置一个似票主本人形象的面具，"柳叶眉、丹凤眼搭配中式前刘海"面孔是西方对东方女性美的标准，而票主正是这套审美标准的起源。票面右上方采用书法体写就票主英文名讳"ANNA MAY WONG"（安娜·梅·黄），"EX LIBRIS"则被巧妙地设计成一枚阴文印鉴，钤于侧旁。票面右下角标注设计师花押。

杰奎琳·肯尼迪

（Jacqueline Kennedy 1929–1994）

印制：蒂芙尼公司
（Tiffany & Co.）
技法：C1
尺寸：7×10 cm
时间：1961

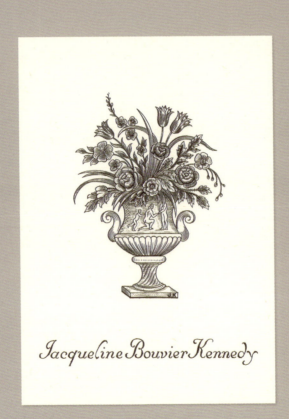

票主是美国第 35 任总统约翰·肯尼迪夫人，被誉为最美"第一夫人"。

票面图案由毕业于乔治·华盛顿大学绘画专业的票主亲自设计。画面中一尊栽种各色花草的罗马式高脚落地大花瓶，瓶体绘有"三口之家"的图案外饰，花瓶基座标注"JK"的票主花押。书票下方标注"Jacqueline Bouvier Kennedy"（杰奎琳·鲍维尔·肯尼迪）。纸面底部可见"Tiffany"字样水印。

查尔斯三世国王
（King Charles III 1948–　）

作者：乔斯林·默西尔
（Jocelyn Mercier）
技法：X1
尺寸：9×10 cm
时间：1994

　　票主是英国女王伊丽莎白二世长子，现任英国国王。此票制作时，票主身份为威尔士亲王。

　　此票为英国现任国王查尔斯三世私人图书馆藏书票。画面中一个大写字母"C"，内中刻画远处乔木成荫的无垠草原上，一匹黑马自由驰骋；近前一人披衣倚树，执笔作画。景物表现票主对绘画、马术以及园艺的爱好。票中人脚前的六瓣小花，是以票主名字命名的"查尔斯亲王"铁线莲（Clematis Prince Charles，毛茛科铁线莲属落叶藤本植物）。顶部是威尔士亲王专属羽毛纹章，底部标注"CHARLES PRINCE OF WALES"（威尔士亲王查尔斯）。右下角有设计师花押。

藏书票的价值和标识

藏书票被誉为"版画珍珠"，是边长 5 至 10 厘米左右的小版画作品，因此藏书票的制作技法以及收藏鉴赏思路与版画有共通之处。

1960 年，第三届国际造型艺术大会（the III International Congress of Plastic Arts）在奥地利首都维也纳举办，大会制定了现代版画国际规范的总纲。该规范明确了版画的定义，指出版画是可以复制多份相同内容，但须限量印制的绘画形式。印数靠前的版画品质较好，而印数靠后的版画会因为翻制时的磨损而难以把控质量（通常情况下印制 100 张以内不会遭受任何质量损失），因此在完成作品既定的数量后，要将母版毁弃。

该规范同时强调了版画原作与印刷复制品的重要区别，一份具有艺术收藏价值的版画必须符合以下两个条件：

一、艺术家必须亲自或监督指导进行制版和印刷，以使作品充分体现艺术家的意图；

二、版画原作的下沿必须有符合规范的编号和艺术家的亲笔签名。

"艺术家参与制版和印刷、艺术家亲笔编号签名、限量"，判断一幅版画是否具有收藏价值，这三个要素缺一不可。正是这些要素赋予版画独特的纸墨触感和风格，使得版画能够完成复制品无法完成的艺术表达。

版画左下角需标明张数与印数，这标志着每张版画的唯一性，一般用阿拉伯数字的分数形式写成，例如 66/99，即此画限量印制 99 张，这一张是第 66 张。

版画右下角需签署作者签名及制作年代。

国际通用的版画签名用笔是 HB 或 2B 铅笔。

另外，有些版画左下角标有字母：

P.（Artist's Proof），艺术家样本，由艺术家保留用于个人收藏或特别用途。

P.（Printer's Proof），印刷样本，印刷技师试印检查质量和颜色的样本。

印刷技师利用卓越的技术和丰富的经验，配合艺术家要求，能够制作出质感更好的作品，因此，现在有很多艺术家会选择委托专业工作室制作版画作品。

本次展览中出现的西方藏书票应用了这些版画及藏书票制作技法：

技法	英文名	中文名	介绍
C	Intaglio printing (blank)；embossing (C=Chalcographie)	凹版印花	
C1	Steel engraving	钢版雕刻（凹版）	通过雕刀镌刻。目前钢雕制成的版画或者藏书票甚少。
C2	Copper engraving	铜版雕刻（凹版）	铜版，锌板雕刻。用雕刀更容易在这些版面上刻制图像。雕刀镌刻。
C3	Etching	腐蚀版（凹版）	用笔、针、刷子等工具在涂抹了防腐蚀涂层的金属版上绘制图像，再将金属版放入腐蚀性的溶液里。露出的金属部分被腐蚀呈现凹面。通过溶液浓度和腐蚀时间控制凹面的深浅，以此来制版。
C4	Drypoint	铜版干刻	用钢针在金属版面上刻制图像，钢针刻制的线条在版面上会留下毛边。
C5	Aquatint	飞尘	把金属版喷上松香粉，俗称飞尘，再放入酸中腐蚀。松香粉尘起到防腐作用，可制作出不同深浅的块面。
L	Lithography	平版	
L1	Autolithography	直接平版	
L2	Autography (transfer lithography)	转印平版	
P	Photographic reproduction	照相制版	
P1	Line block (cliché)	线条凸版，平版胶版，线画版	着重化学和化学过程的复制版画方式。
P3	Heliogravure	照相凹版	一种在 1890–1930 年间非常常见的藏书票制作技法。

技法	英文名	中文名	介绍
P7	Offset, Duotone	透印版印刷,胶印版,湿式平版	网版同色,双版套印。
P8	Hologram, Original photograph	照片版	手工绘版感光,一种不常见的藏书票制作方法。
S	Stencil, pochoir	孔版（丝网）	
S1	Original serigraphy (screenprinting)	原创丝网版	以区别于照片丝网版。
S2	Mimeo graphy, dye stencil	油印誊写丝网版	
X	Relief printing (blank)	凸版压纹	
X1	Woodcut	木面木刻（凸版）	
X2	Wood engraving	木口木刻	用金属排刀在木头的横截面刻,可以刻出更精细线条和调子。
X5	Relief-printed metal plates created	凸版印刷金属版	
X6	Relief-printed engraving of other materials	凸版印刷雕刻其他材料	X4 指蚀刻或雕刻的金属印版的凸版, X5 被定义为蚀刻金属版的凸版印刷。X6 被扩大到包括其他合成材料（包括塑料、木材, 石膏, 金属, 石头等）。另在最新标识标准中, 加入 X7 类别, 特指中国的石印章。
电铸版	Galvanograph	电铸版	用电解原理制成的复制印版。适用作凸版和凹版。将原版（活字版、铜版等）用蜡、塑料、锡或软铅压成模型, 涂石墨粉, 使之具有导电性, 然后镀铜, 剥下镀层, 在反面充填熔铅或塑料即成。可加镀铬、镍等以提高耐印率。
CAD	Computer aided design	电脑辅助设计	

其他符号：

---/COL：手工着色, 艺术家在印刷品上进行了人工制作, 例如水彩着色, 铅笔着色等方法。

MT：Mixing technology, 指混合技术。

多色套版标记：在版式标记右边加斜线"/", 再写入套色次数。

例如：四套色木刻为 X1/4, 若是手工上色则为 X1/COL。

多种版式并用：标明所使用版式的标记, 例如木版 + 丝网版即为 X1+S1 或 X1S1 等。

索引

寸纸盈香 下

当代艺术名家创作藏书票

藏书文化系列丛书

嘉德艺术中心 编　　国家图书馆出版社

图书在版编目（CIP）数据

寸纸盈香.卷二,当代艺术名家创作藏书票 / 嘉德
艺术中心编. — 北京：国家图书馆出版社,2024.1
ISBN 978-7-5013-7853-1

Ⅰ.①寸… Ⅱ.①嘉… Ⅲ.①书票—中国—图集
Ⅳ.①G262.2-64

中国国家版本馆CIP数据核字(2023)第174058号

书　　名　寸纸盈香（全二册）
著　　者　嘉德艺术中心　编
策　　划　寇　勤　李　昕
责任编辑　王燕来　　王佳妍
特邀编辑　杨　涓　严　冰
装帧设计　李猛工作室

出版发行　国家图书馆出版社（北京市西城区文津街7号　100034）
　　　　　（原书目文献出版社　北京图书馆出版社）
　　　　　010-66114536　63802249　nlcpress@nlc.cn（邮购）
网　　址　http://www.nlcpress.com
经　　销　新华书店
印　　装　北京雅昌艺术印刷有限公司
版次印次　2024 年 1 月第 1 版　　2024 年 1 月第 1 次印刷
开　　本　787×1092　1/16
印　　张　24
书　　号　ISBN 978-7-5013-7853-1
定　　价　360.00 元

版权所有　侵权必究
本书如有印装质量问题，请与读者服务部（010-66126156）联系调换。

盈案增辉

藏书票起源于 15 世纪的欧洲，出现于"摇篮本"的时代。它与印刷术相伴而生，是版画艺术的一种应用形式，如同早期书籍的个性化装帧一样，被冠以"版画珍珠""纸上宝石"的美誉。藏书票与中国的藏书印一样，对追求知识的爱书之人来说，曾经是个江湖，显示了藏书所有者的社会身份、现实地位、文化品位乃至经济实力。

随着印刷技术的更迭，藏书票的制作技法由最初的凸版（木刻）印刷，发展出铜版、石版、丝网等形式，同时藏书票本身也由一种功能性的票证演化成具有独特审美价值的艺术媒介。20 世纪初西风东渐，藏书票进入中国，特别是在中华人民共和国成立以后的"群体版画"兴盛之时，藏书票从文人自娱的珍藏，演化成大众喜闻乐见的艺术形式。它画幅小巧、印刷精致，图案与藏书者及作者姓名的图文结合，成了藏书票被广泛传播的有利条件。但近年网络时代的到来，纸质媒介的示弱，又让藏书票远离了大众的视野，越来越成为专业圈子的研究对象。

2019 年底之后，整个社会经历了特殊的三年，"静默"的状态迫使更多的人重新审视自己的生活。对于文化艺术的态度往往会折射出一个时代的"心态"，这样的背景下我们策划"当代艺术名家创作藏书票"项目的初衷，就是想以小见大，通过藏书票这样的艺术媒介来唤起社会对于平和静谧的生活状态的肯定。展览共邀请了 53 位艺术家参与了藏书票创作项目，并在深圳观澜国际原创版画产业基地的技术支持下完成了作品。

在这个长长的受邀名单中，既有靳尚谊、艾轩等老一辈油画家的创作，也有张晓刚、周春芽、丁乙、谷文达、王兴伟等当代艺术中坚力量的呈现；

既有刘庆和、武艺、江宏伟、徐累、李津等中国画家的水墨勾勒，也有吴长江、谭平等版画专业人士的参与，更有黄宇兴、宋琨等年轻艺术家呈现全新的趣味。在这些独一无二的作品中，我们几乎看到了藏书票重现于书籍和收藏领域的辉煌。

每个艺术家都有鲜明的个性和独特的风格，显现在藏书票上就是各种浪漫主义和观念的乐趣。虽然创作尺寸有限，但是他们的作品充分利用了版画的各类技巧，从木刻到铜版，从丝网到石版，制作过程中的技术探讨也让展览呈现了丰富多彩的气息。

也许对大部分艺术家来说，藏书票是个陌生的领域，也只是个创作的形式。艺术家们果断放纵了这种形式，而且得到了版画系统同样放纵的技术支持。所以说，无敌的不是艺术的呈现形式，而是艺术本身。版画技术借助了艺术家热情的创造力，艺术家借助了版画丰富的版种和技法，得到了藏书票这个额外的馈赠。

资深艺术媒体人　**顾维洁**

中央美术学院造型学院版画系教授　**康剑飞**

目录

当代艺术名家创作藏书票

靳尚谊

男孩

技法：平版
印数：99
尺寸：12×17cm
时间：2022

靳尚谊，1934 年生于河南焦作。1953 年毕业于中央美术学院绘画系，1957 年结业于马克西莫夫油画训练班，并留校任教。现任中国美术家协会名誉主席、中央文史研究馆馆员、中央美术学院教授、北京靳尚谊艺术基金会顾问。曾任中央美术学院院长，主持过中央美院第一画室及油画进修班的教学工作。其艺术实践和主张，在 20 世纪 80 年代中期以来影响了我国一大批油画家向古典主义吸收营养的热潮。他是中国现当代极具影响力的艺术家、教育家、慈善家，是中国当代油画的代表人物。

EX·LIBRIS

1974 劲文

66/99

郑劲松 2022

艾轩

荒野的呼唤

技法：石版
印数：99
尺寸：12×17cm
时间：2022
灵感：[美] 杰克·伦敦《荒野的呼唤》

将要脱离人类社会，回归狼群的巴克。

艾轩，生于 1947 年，浙江金华人。1967 年毕业于中央美术学院附中。1984 年进入北京画院油画创作室。现为国家一级美术师、中国美术家协会会员、北京画院艺术委员会委员、中国油画学会常务理事。作为中国现实主义画家的重要代表，艾轩始终扎根于中国本土与现实生活，在坚守写实油画传统的同时，显示出空阔高远的艺术活力，在艺术语言的不断突破中形成独具一格的审美表达。

EX-LIBRIS

66/99 艾轩 2022年

姜陆

技法：丝网版
印数：99
尺寸：12×17cm
超越
时间：2022

书形海水，鱼类畅游腾越其间，鸟类自由翱翔于空中，喻义海阔凭鱼跃，天高任鸟飞。人类在知识海洋中充实自我，实现超越。

姜陆，生于1951年，毕业于天津美术学院版画专业，后入比利时安特卫普皇家美术学院深造。曾任天津美术学院版画系主任、院长，现为天津美术学院教授，上海大学美术学院特聘教授、博士生导师，中国美术家协会版画艺委会名誉主任，国家画院版画专业委员会副主任。早期作品以写实风格为主，后逐渐走向抽象方式，并以内省式思维观照生活，注重于生命与自然秩序关系的思考和精神传达。

EX·LIBRIS

66/99   吴畦 2022

吴长江

The Great Game

技法：石版
印数：99
尺寸：12×17cm
时间：2022

1892 年，女探险家格特鲁德·贝尔离开牛津，前往波斯探访她的父亲。这段旅程成就了她的第一本旅行书《波斯图志》，也开启了她的旅行生涯。在那之后的 10 年中她都不曾停下脚步，旅行、登山、学习各种语言，她通晓阿拉伯语、波斯语、法语和德语，也会说流利的意大利语和土耳其语。1899 年贝尔再次前往中东，在那之后的 12 年间，6 次横穿阿拉伯半岛。

吴长江，1954 年生于天津。1982 年毕业于中央美术学院。现任中国西藏文化保护与发展协会常务理事。从 20 世纪 80 年代开始，吴长江曾三十余次赴青藏高原写生创作，在这片高原上不断攀登，追寻艺术与生命的纯真、人与自然的相互依存，创造了独特的艺术与精神世界。

66/99

EX-libris

2022

周春芽

技法：铜版
印数：99
尺寸：12×17cm
黑根
时间：2022

　　周春芽，1955 年生于重庆。1982 年毕业于四川美术学院版画系，1988 年毕业于德国卡塞尔综合大学自由艺术系。现于上海、成都生活、工作。作为中国当代艺术标志性人物，他的作品被世界范围众多重要机构收藏，并在众多国际展览中展出。在四十余年的创作中，他不断寻求变化与自我突破，始终围绕生命这一根基展开探索。20 世纪 90 年代中期周春芽开始"黑根"和"绿狗"系列创作，既有个人化的情感诉说，又表达了对人性和命运的思悟。2005 年前后开始的"桃花系列"是他最著名的系列作品，是艺术家对生活的理解，对自然对生命的关注。2011 年开始的"园林系列"则用融入当代视角与个体立场的文化身份，对中国园林进行了独特诠释。

EX·LIBRIS

66/99　　　　　　　　　圆梦堂2022

谷文达 | 技法：铜版
印数：99
尺寸：12×17cm
藏家 | 时间：2022

"藏书者也是广义上的藏家。"

谷文达，1955 年生于上海。1981 年毕业于浙江美术学院国画研究生班，获文学硕士学位。1981 年至 1987 年任教于浙江美术学院国画系。他持续 30 年的"联合国"系列作品登上《美国艺术》杂志的封面，成为首位获此殊荣的华人艺术家。《纽约时报》曾写道："谷文达备受争议的艺术得到了世界艺术界的支持。"他的作品为各国重要机构收藏，包括中国美术馆、中华艺术宫、大英博物馆、大都会博物馆、古根海姆美术馆等。艺术家从 20 世纪 80 年代中期伊始制造并书写简词，目前正在编辑一部《简词典》。简词可读易懂，有规律可遵，有系统可循，标准化是基础，简词是对简体汉字的简化。方式方法是汉字溯源与制造未来。说白了，简词就是"一字词"。用简词写作，汉语可再精练三分之一。简词具有多种构词法，此作品"藏家"即使用了其中的偏旁为字法。

EXLIBRIS

66/99 赵 2022年

江宏伟

鹦鹉梅林

技法：铜版
印数：99
尺寸：12×17cm
时间：2022
灵感：[英] H. E. 贝茨《穿林而过》

"与其说是表现，不如说是体验。我在体验中将自己所得的感
悟融进了一花一草。"

江宏伟，1957 年生于江苏无锡。1977 年毕业
于南京艺术学院美术系。现为中国艺术研究院中国
画院研究员、博士生导师。江宏伟的花鸟画创作，
着力于发掘中国传统工笔花鸟画的精髓，尤其醉心
于在宋元花鸟画的审美趣味中寻求启迪，同时又广
泛吸收西方绘画中的光色表现，其作品清丽婉约、
格高韵远，所绘物象出乎自然、绮丽多情，将一种
深沉而静穆的现代审美灵韵与古典情怀熔为一炉。

EX·libris

66/99   江松偉   2022

曾千之

大蜻蜓

技法：丝网版
印数：99
尺寸：12×17cm
时间：2022
灵感：［苏联］康·帕乌斯托夫斯基《金蔷薇》

"大蜻蜓是我的童年忆想之一，那段时间印象最深的书之一就是《金蔷薇》。"

曾千之，版画家。毕业于中央工艺美术学院特艺系、奥斯陆国家艺术学院、奥斯陆国家艺术和设计学院。现居挪威。

66199   az 2022

EX-libris

张晓刚

2020 年 3 月的某一天

技法：丝网版
印数：99
尺寸：12×17cm
时间：2022
灵感：[波兰] 切斯瓦夫 · 米沃什《米沃什词典》

"集体时间感"骤然减速，甚至是近乎凝固。

张晓刚，1982 年毕业于四川美术学院油画系。现在北京生活和工作。自 20 世纪 90 年代始，张晓刚用冷峻内敛以及白日梦般的艺术风格，传达出具有时代特征的集体心理记忆与情绪。这种对社会、集体、个人以及家庭、血缘的悖谬式的呈现和模拟，是一种从艺术、情感以及人生的角度出发的再演绎，具有强烈的当代意义。

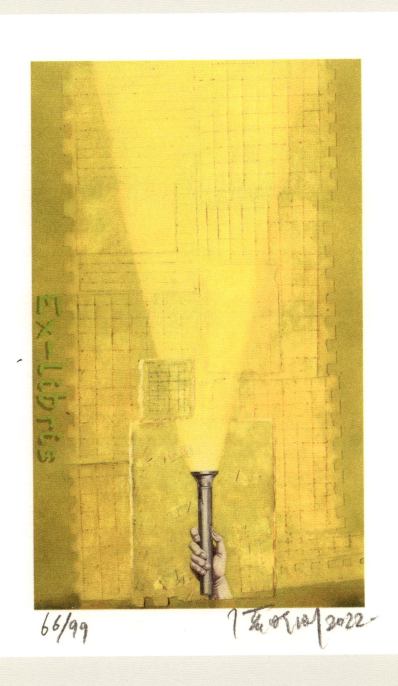

Ex-Libris

66/99

T.在oTim 2022

李津

民以食为天

技法：铜版
印数：99
尺寸：12×17cm
时间：2022
灵感：（清）袁枚《随园食单》

　　"我的生活选择一直是随遇而安，由于不善于思考，故乐趣来得容易些。加上天生定力不够，我容易被表层事物所惑。因为不可能知道明天会怎样，所以拿起肉来就吃，拿起笔就画，倒床上就睡，这种求近不求远的生活态度，可能是在回避什么，但我感觉还算充实，也就够了。"

　　李津，1958 年生于天津。1983 年毕业于天津美术学院国画系。现工作生活于北京、天津。2013 年被 AAC 艺术中国评为年度水墨艺术家；2014 年被权威艺术杂志《艺术财经》艺术权力榜评为年度艺术家。其作品被大都会艺术博物馆、波士顿艺术博物馆、西雅图美术馆、中国美术馆等机构收藏。李津画的食物，不管是乳猪头、红烧肉还是待烤、待蒸的虾蟹、鱼头，都有浓浓的烟火气，让人垂涎，折射着人间的享乐主义气氛。但出现在这些食物周围的人，他们的表情却并没有表现出意料之中的那种面对食物的欢欣。相反，食物越逼真、越活色生香，人物就越是显出无可名状的忧伤。

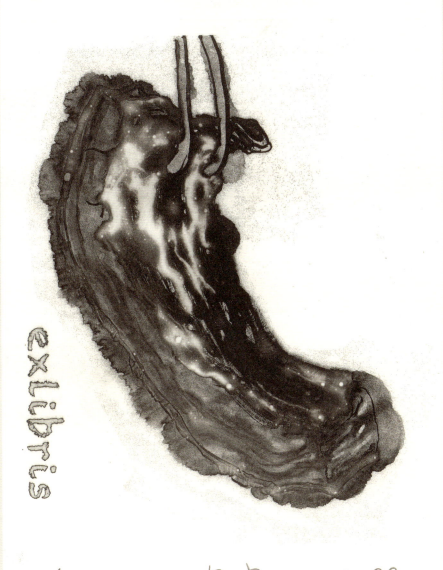

exlibris

66/99 李津 2022

夏小万

逝者如斯

技法：石版
印数：99
尺寸：12×17cm
时间：2022
灵感：[哥伦比亚]加西亚·马尔克斯《百年孤独》

由诸多生命形态共同构筑的人型，体现人类精神形态的复杂多重性。对应了《百年孤独》宏大梦幻的精神时空。

夏小万，1959 年生于北京。1982 年毕业于中央美术学院油画系，执教于中央戏剧学院舞美系。夏小万成名于 20 世纪 80 年代"新潮美术"时期，以"浪漫""灵魂""生命""个体"之名被载入中国当代艺术史。2003 年开始创作"空间绘画"，改变了观看绘画的方式，使绘画呈现出三维立体的震撼效果，被称为颠覆平面绘画的艺术家。

66/99

2022

谭平

孪生

技法：丝网版
印数：99
尺寸：12×17cm
时间：2022
灵感：［德］马丁·海德格尔《林中路》

蕴藏于元素中的张力。

　　谭平，生于 1960 年，艺术家、教育家。1984
年毕业于中央美术学院，20 世纪 80 年代末留学德
国柏林艺术大学，获硕士学位和大师生学位。英国
金斯顿大学荣誉博士。曾任中央美术学院设计学院
院长、中央美术学院副院长，中国艺术研究院副院
长。现任中国美术家协会实验艺术委员会主任，中
国艺术研究院国家当代艺术中心主任。在长达 40
年的艺术实践中，谭平始终在绘画、版画、多媒体、
设计等多个领域进行探索。作品被中国美术馆、上
海美术馆、波特兰艺术博物馆、路德维希博物馆、
亚利桑那州立大学美术馆等国内外重要机构收藏。

66/99

EX-LIBRIS 2022

杨越

巢

技法：铜版
印数：99
尺寸：12×17cm
时间：2022

"我的一张藏书票。"

杨越，中国国家画院版画专业委员会执行主任、研究员（国家一级美术师），中国国家画院艺术委员会委员。历任中国国家画院版画所所长、中国国家画院版画院执行院长。系中国美术家协会版画艺术委员会委员、中国国家艺术基金评审委员。在杨越的作品中，素描性的手绘与符号化的动物、静物体现着轻松与快感，计白当黑的结构方式，对于形象的取舍与符号的运用，展现了他在中国传统绘画上的修养。

66/99   2022

刘庆和

技法：丝网仿木刻版
印数：99
尺寸：12×17cm

和声

时间：2022
灵感：岳南《南渡北归》

"书票，夹扁了的情怀。"

刘庆和，1961 年生于天津。毕业于天津工艺美术学校、中央美术学院民间美术系、中央美术学院中国画系，获硕士学位。1992 年在马德里康浦路狄安塞大学美术学院访学。现为中央美术学院中国画学院教授、博士生导师，中国美术家协会中国画艺委会副主任。

EX
libris

66/99　王小炳　2022

李晓林

第二小提琴手

技法：铜版
印数：99
尺寸：12×17cm
时间：2022
灵感：《读者》杂志

李晓林，中央美术学院版画系教授、博士研究生导师，中国美术家协会水彩艺术委员会副主任及国家重大题材美术创作委员会委员，中国国家画院研究员，文化和旅游部国家重大现实题材美术创作评审专家。作品获得全国第十一届美术作品展览金奖，中国版画家协会"鲁迅版画奖"。李晓林的作品以具象绘画手法，突出刻画人物的生动性和叙事性，以版画、水彩、色粉、油画以及插图为媒介，重在表现人物的精神特征和叙事风格，人物塑造鲜活灵动、个性鲜明，有强烈的绘画感染力。

EXLIBRIS

66/99

赵汀阳

两种时间

技法：铜版
印数：99
尺寸：12×17cm
时间：2022

赵汀阳，中国社会科学院哲学研究所研究员。业余画点小漫画。

EX LIBRIS

66/99

Editew 2022

丁乙 | 技法：石版和丝网版
印数：99
尺寸：12×17cm
十示 | 时间：2022

　　丁乙，1962 年生于上海。现工作、生活于上海。其创作领域包括绘画、雕塑、空间装置和建筑。从 20 世纪 80 年代后期开始，他将视觉符号"十"字以及变体的"X"作为结构和理性的代表，以及反映事物本质的图像表现的代名词。

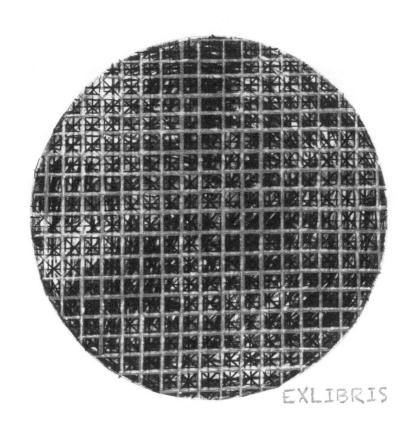

EXLIBRIS

66/99   2022

徐累 | 技法：水印木版
印数：99
尺寸：12×17cm
癸卯西厢记 | 时间：2022
灵感：董捷《中国古代戏曲版画菁华》

为迎接癸卯兔年而作。

徐累，生于1963年。毕业于南京艺术学院中国
画专业。现工作于中国艺术研究院文学艺术院，任
中国工笔画学会副会长。徐累作品主要是工笔画和
水墨画，以及部分装置作品。他早期主张以现代观
念融入传统制式，后期提倡以传统美学原理贡献当
代，通过对艺术史的比较研究，不断激发图像修辞方向
的灵感，创作出诗意与观念兼得的样本，并呈现其影响。

Exlibris

66/99

王家增

过于喧嚣的孤独

技法：石版
印数：99
尺寸：12×17cm
时间：2022
灵感：[捷克]博胡米尔·赫拉巴尔《过于喧嚣的孤独》

"35 年了，我置身在废纸堆中，这是我的 love story。"回收站打包工汉嘉讲述了他 35 年的故事和所思所想。这是一个讲述人类文明的精华被毁灭，而一个人的精神被救赎的故事。"我常常去想在骚动的世界中，孤独地躺在旧书搭建成的床上阅读的那个人。"

王家增，生于 1963 年。1992 年毕业于鲁迅美术学院版画系。现任中国人民大学艺术学院教授。王家增的创作涉及版画、油画、综合材料和装置，作品聚焦于中国城市化的发展进程，对工业主义进行了持久的反思与回应。

66/99　过于喧嚣的孤独　　王家增2022

EX-LIBRIS

徐宝中

秋日

技法：平版
印数：99
尺寸：12×17cm
时间：2022
灵感：[奥]莱内·马利亚·里尔克《秋日》
《里尔克精选集》

　　"苍茫大地，日月轮回，一年四季。灿烂的秋日无比丰厚、饱满，挺拔、金黄的森林历经春夏的生长，带着成熟的果实落叶纷飞，飘洒铺满田野。在这里，我用里尔克的这首诗，象征性地把读书、藏书比喻成为一个人成长的滋养，在吸收书的知识源泉过程中，使自己的人生更加丰盈、盛大。"

　　徐宝中，生于1963年，辽宁省绥中县人。1990年毕业于鲁迅美术学院，现为中国美术家协会会员、国际版画研究院副院长、辽宁省美术家协会副主席。现任鲁迅美术学院绘画艺术学院院长、版画系教授、硕士研究生导师。徐宝中所画的都是一些平常之物、荒凉之景，让它们处在一个平凡、平常、平淡、平静的，未开发的最初状态，没有社会的喧嚣和人间的火气。艺术家更愿意用画面的意境、图像形态，造型的不同意识及版画的语言特质来表达艺术看法和思维变化。

EXLIBRIS

66/99

倪军

技法：平版
印数：99
尺寸：12×17cm
时间：2022
灵感：[美]卡尔文·汤姆金斯《杜尚》

嗜书如猎豹

"嗜书如猎豹"，借自然界跑动速度最快的猎豹，寓意我们对于书籍，也就是智慧与新知的获取应该每日如猎豹一般勤奋而机敏，继而消化为自己成长的营养。

倪军，1963年生于天津市。毕业于中央美术学院附中、中央工艺美术学院、美国罗格斯大学梅森·格罗斯艺术学院研究生院。曾任教于美国东部多所艺术院校和国内主要美术学院，多次举办个展。倪军的作品多涉及人类的日常生活与自然风物，在人物、动物，山川、云水之间赋予个人主观描绘的哲学意蕴，借画面的主观意旨与观者做心理交互行为，生发某种无言的视觉阅读式的交感效果。

★倪軍存書★

★Ex•Libris★★
♡Ni Jun Books♥
66/99
倪軍 2022.

武艺

技法：丝网仿木刻版
印数：99
尺寸：12×17cm
时间：2022
灵感：[明]张岱《西湖梦寻》

西湖梦寻

疏影横斜，远映西湖清浅；
暗香浮动，长陪夜月黄昏。

武艺，生于 1966 年。1993 年毕业于中央美术学院国画系，从师卢沉教授，获硕士学位并留校任教。现为中央美术学院教授，壁画系第四工作室主任。武艺的画在很大程度上依赖于他那种无"法"可拘的用笔，他甚至把用笔的感觉降到"法"的零点。若按传统笔法衡量，其中有很多错笔，但水墨的语言就是允许有修养和有感觉的"错"，在"法"上的错可以变为"意"上的对。

西湖夢尋

武藝

EXLIBRIS

66/99

引空 2022

赵半狄

	技法：丝网仿木刻版
	印数：99
	尺寸：12×17cm
赵半狄的小窝·	时间：2022
鲁滨逊漂流记	灵感：[英]丹尼尔·笛福《鲁滨逊漂流记》

　　"在新冠病毒像洪水一样席卷人类的 2020 年，在我酝酿 '赵半狄的小窝' 这个作品的时候，世界名著《鲁滨逊漂流记》从我的记忆深处脱颖而出！好吧，我来创造一个'当代艺术版本'的《鲁滨逊漂流记》。口罩吊床，老鲁滨逊是享受不到的，而今天人类面对的困境，也不仅仅是新冠病毒……你、我、他，都是当代的鲁滨逊。"

　　赵半狄，1966 年生于北京。现工作、生活于北京。中国先锋艺术运动的领军人物，其创作涉及行为、绘画、影像、时装、电影、社会介入等。1999 年至 2004 年，赵半狄创作的熊猫相关公益作品在中国及海外多个城市的地铁、机场与街头等处呈现。2010 年至 2013 年，赵半狄发起的艺术慈善项目"用创造力换一座孤老院"吸引中国两万多名青少年参与创作，他利用所得收入在河南省开封市成立了一所孤老院。2013 至 2014 年，由赵半狄执导、依据上述项目创作的作品《让熊猫飞》入选第 29 届华沙国际电影节，以及多个国际儿童电影节，并在中国的各大影院公映。

EX-LIBRIS

66/99　　　　　　　　　　2022

杨茂源

黄金草原

技法：木刻版
印数：99
尺寸：12×17cm
时间：2022
灵感：[古阿拉伯] 马苏第《黄金草原》

羊。

杨茂源，1966 生于大连。作品涉及绘画、雕塑、装置、摄影等不同媒介。他 1989 年毕业于中央美术学院版画系，同年参加中国现代艺术大展，在柏林、伦敦、上海、北京、佛罗伦萨、热那亚等地均举办过作品展，其中有华沙国立美术馆、巴黎蓬皮杜中心、德累斯顿艺术中心、今日美术馆、马丁—格罗皮乌斯博物馆、帕多瓦博物馆、美第奇·里卡尔第宫、湖南省博物馆、民生当代美术馆等。在 2011 年，他作为艺术家代表，参加了第 54 届威尼斯双年展中国馆的展览。

黄　　　　　　　　　　　　奎

羊　　EXLIBRIS　　原

66/99　　杨式海　　2022

朱伟

开春图

技法：平版
印数：99
尺寸：12×17cm
时间：2022
灵感：王朔《看上去很美》

"我是王朔小说的粉丝。他的小说大量出版时，正是我的求学时期。当时我经常身无分文，但是每出版一本就想办法买一本。在王朔之前，说人话的小说不多，往前就是老舍了。他们叙述方式的共同特点，就是先假设一个场景，王朔是大院，老舍是茶馆，字面上懒散，事情却一件接一件发生，让人喘不过气来。阅毕，合上书，恍然发现他们既没交代院子的一砖一瓦，也没有一位角色教大家如何品茶。"

朱伟，1966年生于北京。先后在解放军艺术学院、北京电影学院、中国艺术研究院就读。他的创作以水墨画为主，兼有雕塑和版画。古为今用的水墨画理念、对现代中国人生活现实的把握是朱伟艺术的核心。他第一个将工笔画法引进到中国当代艺术领域，并以其高度完善的水墨绘画体例，敏锐的当代转化方式，丰富的呈现方式，在与传统的对话中寻求水墨的当代突破，独辟蹊径而自成一体，是中国当代水墨画最重要的探索者和代表人物之一。

66/99
zhu wei 2022

王兴伟

技法：石版
印数：99
尺寸：12×17cm
时间：2022
灵感：［美］威廉·福克纳《喧哗与骚动》

喧哗与骚动

昆丁在河边徘徊，天上是他砸碎表蒙，掰掉表针的手表。

王兴伟，1969 年生于沈阳。1990 年毕业于沈阳大学师范学院美术系。现生活和工作于北京。王兴伟对那些晦涩、不相干、荒诞、庸俗乃至滑稽的场景尤为感兴趣，他编排出的场景经常出人意料、不着边际，但又有着迷人的超现实主义感。王兴伟的主要关注点在于造型，他反复描绘类似的主题，并发掘出最大的可能性。因此，在不同的创作时期，他的绘画中都能发现一些类似的元素和绘画策略。

66/99   瑞伟 2022

尹朝阳

技法：石版
印数：99
尺寸：12×17cm
狂人日记
时间：2022
灵感：鲁迅《狂人日记》

"黑漆漆的，不知是日是夜。赵家的狗又叫了起来。"

尹朝阳，1970 年生于河南南阳。1996 年毕业
于中央美术学院。现工作生活于北京。1990 年代末，
以尹朝阳为代表的"青春残酷绘画"，震撼人心地展
示出一代人彷徨而"残酷"的青春体验，构成 90 年
代前卫绘画的重要方向。此后他通过不断深入的内
心追问和繁复而深刻的语言探索，完成了向更复杂
深沉的精神世界的转变，成为中国"新绘画"的重要
代表。2011 年以来，尹朝阳转向形成有着强烈的个
人气质、敏锐的当代视觉、雄浑而深厚的传统底蕴
的"心灵风景"。以恢宏与纯粹的绘画语言，发展出
包含个人与社会、历史与当下的山水画景观。

EX·libris

66/99

刘天舒

神明英武

技法：丝网版
印数：99
尺寸：12×17cm
时间：2022

"读书既可使人明智，亦可使人学舌。"家中蓄养鹦鹉，日日睹其学舌，语气音调似人，却从来不求甚解，与某类读书人相似，遂用丝网版画仿之。

刘天舒，生于1970年，辽宁省大连人。1991年毕业于浙江美术学院（今中国美术学院）版画系，获文学学士学位。现为中国美术家协会会员、鲁迅美术学院版画系教授、硕士生导师。版画作品曾荣获全国第三届版画展优秀作品奖，廖修平优秀版画奖金。入选中国百年版画展，第八、九、十一届全国美术展等展览。作品被中国美术馆、四川神州版画博物馆、江苏版画院、深圳观澜美术馆、法国尼斯阿尔松国立高等艺术学院美术馆、韩国首尔弘益大学美术馆等收藏。

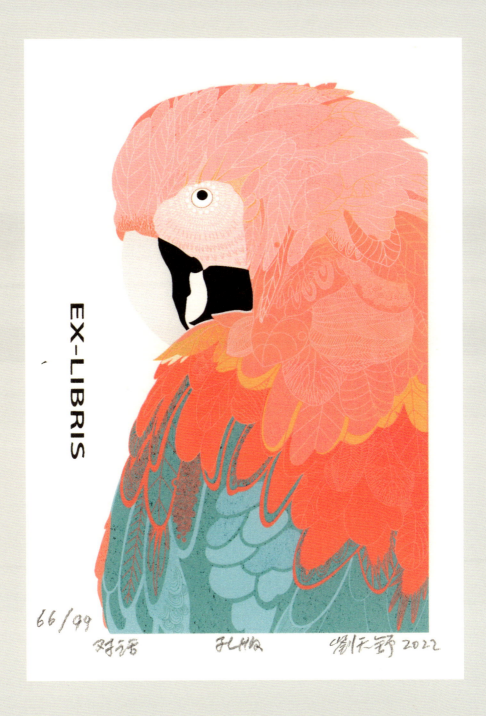

EX-LIBRIS

66/99   好多多   孔雀娘   劉天野 2022

宋光智

致橡树

技法：丝网仿木刻版
印数：99
尺寸：12×17cm
时间：2022
灵感：舒婷《致橡树》

宋光智，生于 1970 年。1992 年毕业于广州美术学院版画系。现为广州美术学院党委副书记，兼绘画艺术学院院长，教授，广东省美术家协会副主席。宋光智的木刻以超现实的思维方式，通过形象堆叠、意象重合，在黑白相间中，有一种倾诉在观看中流动，一直走向你的内心，然后留下疑问，让你既无法回避，也无法马上回答。此藏书票根据朦胧诗派代表舒婷的代表作《致橡树》而作，以超现实的手法将对诗歌的理解和诠释融入画面。

EXLIBRIS

66/99

文中言

192204052014 什刹海

技法：丝网版
印数：99
尺寸：12×17cm
时间：2022
灵感：王军《城记》

北京老城区什刹海前海的夜色景象。

文中言，1971 年生于山西省运城市稷山县。1997 年毕业于中央美术学院。现任清华大学美术学院绘画系主任，教授、博士生导师。中国美术家协会会员，中国美术家协会版画艺术委员会委员，北京美术家协会版画艺术委员会副主任，中央美术学院国际版画研究院副院长，中国国家画院专业委员会研究员，中国人民银行纪念币设计生产评审专家。

66/99

陶加祥

少年闰土

技法：石版
印数：99
尺寸：12×17cm
时间：2022
灵感：鲁迅《呐喊》

人到中年，面对当下的现实，心底里依然还是那个鲁迅笔下的少年闰土！

陶加祥，生于1972年。2001年毕业于中央美术学院版画系。现任西安美术学院版画系副教授。陶加祥的版画是感性的样式化处理，由图像的光影压缩为造型动作。这些具有"时代"外表的动作生成一个固定的叙述格式，让人产生既生疏又常见的视觉感悟。

EXLIBRIS   TJX.

66/99 少年闰土   陆加年2022

张莞

致敬莫兰迪

技法：丝网版
印数：99
尺寸：12×17cm
时间：2022
灵感：［意］卡洛·罗韦利《七堂极简物理课》

"近年我阅读了一些与物理、天文相关的科普读物，改变了个人对宏观世界和微观世界的理解，一大一小，以这两方面作为自身的参照物，可以更客观地认识自己，定位人类在宇宙中的位置，定位我们现在的社会在人类文明发展中的位置，它影响了这个时期创作的表达意图以及使用语言。"

张莞，生于 1973 年。1997 年毕业于中央美术学院版画系。现任天津美术学院版画系教授，副主任。张莞的创作一直探求版画思维与艺术创作多元结合的表现形式，打破传统语言的局限性，以达到对创作意图最直接恰当地呈现。

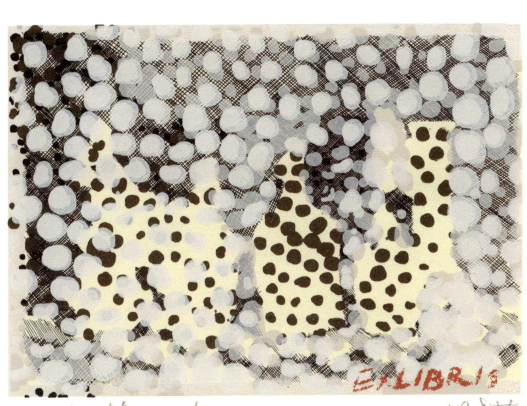

/99 改梅 Monondi   リ様 2022

EX LIBRIS

秦艾

一只无政府主义的猫

技法：木刻版
印数：99
尺寸：12×17cm
时间：2022
灵感：[英]乔治·奥威尔《动物庄园》

在这个未知的世界里，黑猫小心翼翼地探出脑袋……

秦艾，1973年生于江苏省南通市。1996年毕业于南京艺术学院美术系中国画专业。作为新工笔画的杰出代表人物，秦艾的绘画擅长营造空间感，注重对多层空间的渲染。她以东方哲思为根基，用传统工笔画技法表达当下中国人的生命情感，是东方美学在当代语境下的表达。

EXLIBRIS 2022

66/99   秦女 2022.

武将 | 技法：丝网版（蜡笔制版）
印数：99
尺寸：12×17cm
神们自己 | 时间：2022
The Gods Themselves | 灵感：[美] 艾萨克·阿西莫夫《神们自己：
关于平行宇宙的一切》

面对愚昧，神们自己也缄口不言……

武将，生于 1973 年。1997 年毕业于中央美术学院油画系，获学士学位；2007 年毕业于中央美术学院版画系，获硕士学位。现任中央美术学院版画系第五工作室主任，中国美协插图装帧艺委会副主任兼秘书长。武将的版画文质、舒展，如璞玉般明净。他选择质朴到不雕的画题与手段，把信心一刀一刀铭刻在木板上，尊重材质，去除过分花哨的技巧，以最本来的方法镌刻版画，一如禅宗直指人心。

66/99   武涛 2022

曹丹

光年

技法：丝网版
印数：99
尺寸：12×17cm
时间：2022
灵感：[美]詹姆斯·索特《光年》

光年流逝，痕迹如证据闪烁。
生活由无数基本而常见，微妙而闪烁的细节构成。
任何微不足道、平淡无奇的事物和动作都能散发光亮，
蕴含着美和愉悦的证据。

曹丹，生于1974年。2000年毕业于湖北美术学院版画系。现任湖北美术学院党委常委、湖北省美术家协会副主席、中央美术学院国际版画研究院副院长。曹丹的创作立足于绘画造型艺术和版画本体语言，作品强调对于生存、环境、人性的关注，专注于绘画媒介的内在表现力，从不同的角度和力度去触及真实，并具有深厚的时代内涵与人文关怀。

EXLIBRIS

66/99

胡贤武

技法：铜版
印数：99
尺寸：12×17cm

Food For Thought

时间：2022

现实是一本引发人们思考的书。

胡贤武，1974 年生于湖北武汉。2007 年毕业
于广州美术学院版画系，获硕士学位，曾在中央美
术学院访学。现为广州美术学院绘画艺术学院副院
长、版画系主任，副教授，硕士研究生导师，中国美
术家协会会员。胡贤武的铜版画多以超现实的手法表
现平凡细微的事物。

66/99   胡顗武 2022

刘德才 | 技法：丝网版
印数：99
尺寸：12×17cm

立冬 | 时间：2022
灵感：迟子建《额尔古纳河右岸》

　　北方冬天兴安岭地区，川川、树木都覆盖了厚厚的绒雪，和溪流、麋鹿的重色形成鲜明的对比，体现了和谐自然的生态、雪山的纯洁晶莹之美、山林的寂寥之美。

　　刘德才，生于 1974 年。一级美术师。现任中国美术家协会理事，黑龙江（国际）版画博物馆副馆长。刘德才长期坚持现实主义题材创作，立足描绘黑龙江本土风情，作品中彰显出厚重的家国情怀。

EX·LIBRIS

66/99 冬至

黄宇兴

假面自白

技法：石版和丝网版
印数：99
尺寸：12×17cm
时间：2022
灵感：[日]三岛由纪夫《假面自白》

"映在别人眼里的我的演技，对我来说是一种试图还原本质的要求的表现。映现在别人眼里的自然的我，才是我的演技。"

黄宇兴，1975 年生于北京。2000 年毕业于中央美术学院壁画系，是 70 后艺术家中被广泛提及的代表人物，也是近些年中国表现最为优异的艺术家之一。他充满了哲思与色彩的画面，在学术与市场上均获得了高度认可。黄宇兴强调作画过程的保留，色彩、笔触、痕迹经过不断的叠加、罩染，浮现。他的作品，顺其自然而变化，顺应无常而为之。色彩的张力与作品背后冷峻的生命意义，形成了鲜明、鲜有的对比，既不违和而又意味久远。

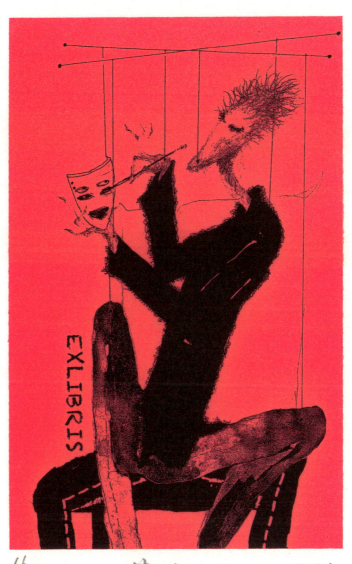

EXLIBRIS

66/99 　　黄宇兴　　2022

李康

星空可及

技法：木刻版
印数：99
尺寸：12×17cm
时间：2022

李康，1975 年生于黑龙江。中央美术学院版画系艺术硕士，中国美术家协会会员，中国美术家协会版画艺委会秘书长，中国国家画院版画艺术专业委员会委员、研究员，广东省美术家协会版画艺委会副主任，中国版画博物馆馆长。作品曾获中国美术奖银奖、铜奖，全国版画展金奖、铜奖、优秀作品奖。担任全国美术作品展、全国版画展、国际版画展评委。

66/99 　　　　　　　　 EX·LIBRIS

李小光

技法：木刻版
印数：99
尺寸：12×17cm
时间：2022

Dawn

书籍，是承载人类文明之舟。

李小光，1975 年生于天津。1999 年毕业于河北师范大学美术系，获学士学位；2009 年毕业于中央美术学院版画系，获硕士学位。现为南京艺术学院副教授，主要从事版画与插图的创作和教学。他的版画作品富于生活气息与书卷气，藏书票作品多探讨书籍与阅读的相关主题，极具幽默感。

EX·Libris ZHOULAN

66/99 X3 dawn

康海涛

默

技法：铜版
印数：99
尺寸：12×17cm
时间：2022
灵感：《赵之谦考释并双钩〈刘熊碑〉全本》

冥想状态、石头质感的人头像。

康海涛，2000年毕业于四川美术学院油画系。毕业后一直专注于"夜景"系列的绘画创作。作品借鉴了中国传统山水画中的"积墨"手法，画面混合了强烈的表达欲望与冷静情感控制的心理张力，在幽深的宁静中表现出一种难以言表的神秘气息。同时，康海涛还有另一条创作线路，他的抽象绘画为观者提供了另一种"开放式"的视觉结构，从虚无的空白出发，在不断地肯定与否定中依靠直觉和灵性去完成最终的呈现。

EX·LIBRIS

66/99   陈海港 2012

宋琨 | 技法：平版
印数：99
时间：2022
踏浪 | 灵感：《李白诗集》

"我感觉自己一直是在过去、现在和未来的立体维度穿行，并不想被时空局限。"

宋琨，1977 年生于内蒙古。2006 年毕业于中央美术学院油画系第三工作室，获硕士学位。中央美术学院油画系第三工作室客座教师，N12 艺术团体的发起及组建人之一，"岛"艺术项目创始人。宋琨的作品以绘画为主，同时结合了音乐现场、音乐电视、装置等方式，其内含的真实生命状态和情感力量是她最与众不同的地方，是当代具象绘画领域少数建立了自己独特绘画语言的艺术家之一。

EXLIBRIS

66199   宋珉 2022

邬建安

羽人

技法：丝网版
印数：99
尺寸：12×17cm
时间：2022
灵感：[英] J.R.R. 托尔金《精灵宝钻》

来自上古神话的羽人，是连通天地的信使，他正抬手指出方向。

邬建安，1980 年生于北京。中央美术学院教授。邬建安的艺术思辨和视觉创造，核心在于借助那些看似远离今日生活的情境，表达人类文明历史中永恒的部分，唤醒人内心感受中隐秘幽微却宏大磅礴的潜意识，进而引发对时代和人的反思与观照。2017 年，他的作品代表中国参加第 57 届威尼斯国际艺术双年展，并被纽约大都会艺术博物馆等重要学术机构以及基金会、企业和个人收藏。

EXLIBRIS

199   2002

李菲

技法：石版
印数：99
尺寸：12×17cm
时间：2022
灵感：王朔《看上去很美》

看上去很美

饭桌上的规矩也是社会的某种缩影，和幼稚园一样，方枪枪看到桌上的菜肴表现出的依旧是那种"无惧"，尽管身边有"听话孩子的警告"。

李菲，生于1980年。中央美术学院艺术学博士。现任湖北美术学院版画系主任助理、综合媒材教研室主任。早年雕塑专业的教育经历让李菲具备了扎实的造型能力，而且更加注重各种媒介材料的表现力。对他而言，不同媒介的形式语言仅是表达内心体验的方式，作品的内涵需要建构个人化的叙事逻辑，进而推导出专属于作品自身的话语。

66/99   2022

孔亮

技法：石版
版数：99
时间：2022

马语

灵感：[英]安娜·塞维尔《黑骏马》

三角梅代表着坚韧与热情，黑色骏马顽强勇敢、情感细腻。两种元素结合在一起，体味刚强与柔情的碰撞。

孔亮，生于1982年。2001年毕业于中央美术学院附中，2005年获中央美术学院学士学位，2009年获中央美术学院硕士学位。现任中央美术学院版画系书记，版画学院第三工作室主任，副教授，国际版画研究院副院长。北京靳尚谊艺术基金会秘书长，中国美术家协会会员，北京美术家协会理事，北京紫薇美术馆馆长。孔亮从事油画和铜版画创作，作品多次在全国性大型展览中获奖并被相关艺术机构收藏，曾入选国家艺术基金青年艺术创作人才资助项目，文化和旅游部国家重大历史题材项目，中宣部建党百年国家重大主题项目。

EX-LIBRIS

66/99

张辉

技法：石版
印数：99
尺寸：12×17cm
时间：2022
灵感：[哥伦比亚] 加西亚·马尔克斯《百年孤独》

独看风景

秋天，趴在房顶的围墙上眺望远方。昏黄的阳光打在脸上、墙上，白色的墙面也变得如此斑驳，或许此时，岁月便也缓缓地陈旧了。这个平静的小城多么质朴，满满的秋意浸染了一整片枯黄的风景，像是打开了秋天的衣被，里面藏着的，又是多少可悲可泣的岁月。透过依稀望得见远处的彩虹，却也能在这个秋时增添一份色彩，或许也是对夏天最后的记忆。我想用一颗孤独的心去靠近它。因为，触动人心的风景，总能看湿我的眼睛。

张辉，生于 1982 年。2006 年毕业于湖北美术学院版画系，2013 年毕业于湖北美术学院科技图像研究专业。现为湖北美术学院副教授，硕士研究生导师。张辉的版画大多以青春为主题，通过对人物形象的艺术表现，深刻地揭示时代背景下青年人生存的现状，画家的内心敏感而又富有人性关怀，他对时代生活的感怀内化于心、外化于行，使他的创作富有关怀意味。

EX LIBRIS

66/99.

张颖

在别处的身体

技法：木刻版
印数：99
尺寸：12×17cm
时间：2022
灵感：[法]米歇尔·福柯《声名狼藉者的生活》

从身体出发的感知一直延续在我的创作里，思考人体和意识的关系。我们一直以来都依赖大脑，依赖所谓的理性的决定，但人总有些时刻是基于爱或者说不清的理由。福柯的文字给了我对身体与空间边界的一个乌托邦的想象。

张颖，生于北京。2005年毕业于中央美术学院版画系。现工作生活于北京，为自由艺术家。张颖在艺术语言上找到一种前所未有的木刻形式，即不用强烈黑白对比的木刻语言，而是以一种有力的细纹组合所产生的灰色调，呈现她所说的："一种关于人与人之间的幻想，爱的幻想，恨的幻想，性别上的幻想。挤压在一起的人，互相亲吻的人，扭打在一起的人，无法拥抱的人……"

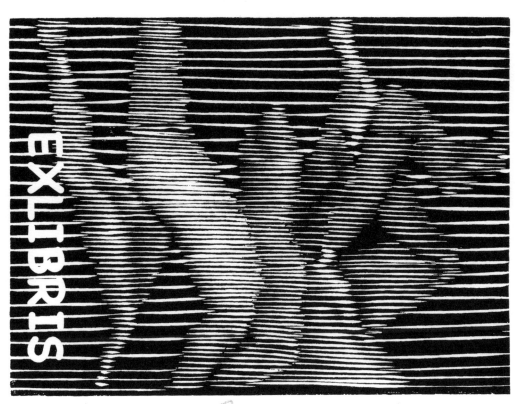

46/99　花切り立その奥付村　（署名）2022

付斌

宅

技法：木刻版
印数：99
尺寸：12×17cm
时间：2022
灵感：汪民安《论家用电器》

宅居家中，在书与各种家用电器的包围中自得其乐。

付斌，生于1984年。2011年毕业于中央美术学院版画系，获硕士学位。现工作于清华大学美术学院绘画系，副教授，硕士生导师。作品曾入选第五届全国青年美术作品展览、观澜国际版画双年展、东京国际小型版画三年展、塞尔维亚国际版画三年展等国内外展览，作品收藏于中国美术馆、中央美术学院美术馆、清华大学艺术博物馆、国家大剧院、上海美术学院美术馆、关山月美术馆、福建省美术馆、日本多摩美术大学美术馆、美国堪萨斯大学美术馆等机构。

66/99

王烁

寻谣记

技法：木刻版
印数：99
尺寸：12×17cm
时间：2022
灵感：王烁《寻谣记》

记录民谣歌手小河在北京寻找老童谣的故事。

王烁，生于 1984 年。2007 年毕业于清华大学美术学院版画专业，2012 年毕业于法国欧洲高等图像学院漫画专业，2017 年毕业于中央美术学院设计学院，现为漫画作者。王烁的作品以漫画为主，关注图文关系、图像叙事、漫画语言等。出版多部作品，为各国漫画杂志创作漫画。

66/99   寻凝记   王水辱   2022

蔡远河

技法：木版
印数：99
尺寸：12×17cm
时间：2022

知识共同体

对人、书、宇宙等元素形成的多元视觉标识与象征符号进行重构，展现了一个在知识空间与社会舞台下的共同体世界。其中，具有共同目标的社会成员通过不断互动与合作，学习与探究，创造与分享，相互建构和推动共同知识的持续发展。

蔡远河，生于 1985 年。2013 年毕业于广州美术学院综合版画艺术研究专业，获硕士学位。2021年毕业于上海大学上海美术学院，获艺术学博士学位。现为广州美术学院版画系副教授，中国美术家协会会员。其版画作品以奔放、爽快的刀痕营造出力度感很强的表现主义意味的形制，向观者传递出一种歌咏般的激情与精神化的力量。

66/99 蔡远河 2022.

吴建棠

小径分岔的花园

技法：丝网仿木刻版
印数：99
尺寸：12×17cm
时间：2022
灵感：[阿根廷] 豪·路·博尔赫斯《小径分岔的花园》

吴建棠，生于 1986 年。2017 年毕业于中央美术学院版画系。现任教于贵阳学院美术学院，副教授，贵州省美术家协会版画艺委会副主任。吴建棠的版画以新的思维观念和独特的艺术视角，观照和解读贵州地域及风物视像。注重艺术本体语言的探索和新语境下的多元化表述，在观念演化和艺术表现方式上进行新的尝试拓展。

66/99   吴建棠 2022

潘黎

白天的房子，夜晚的房子

技法：丝网版
印数：99
尺寸：12×17cm
时间：2022
灵感：[波兰]奥尔加·托卡尔丘克
《白天的房子，夜晚的房子》

　　以波兰魔幻现实主义作家奥尔加·托卡尔丘克《白天的房子，夜晚的房子》为蓝本，书票内容建构了属于我们每个人心中记忆的罐子——有些是具体的，被安置在时间和空间里；另一些是不具体的、没有地址，也没有机会被永远保留下来。愿世间所有美好，都恰逢其时，我们都能找回每个人心中"失去记忆"的罐子。

　　潘黎，生于1989年。2018年毕业于中央美术学院版画系，现中国艺术研究院美术学版画专业博士在读。潘黎先后就读于中央美术学院附中、中央美术学院，掌握了扎实的造型基础。在潘黎看来，艺术最有意思的部分就是不可预设。在新的版画作品系列中，潘黎打破传统版画的平面性与复数性，注重现场感，通过拼接的方式重新建构作品空间。从追求平面性和纯粹性再次转向了对空间的探索、跨媒介的尝试，并重新回归剧场性。

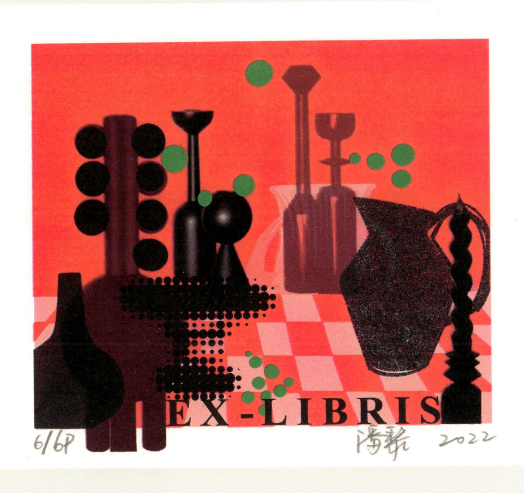

EX-LIBRIS

6/6P   涛新 2022

谭坦

你也可以躺下

技法：木刻版
印数：99
尺寸：12×17cm
时间：2022
灵感：[加拿大] 阿尔维托 · 曼古埃尔《阅读史》

"也许是时候找一个舒服的姿势，躺平，阅读，去感受自己的
呼吸与心跳。"

谭坦，生于 1990 年。2012 年毕业于中央美术
学院版画系。2013 年毕业于伦敦艺术大学书籍艺
术专业，获硕士学位。现任中央美术学院版画系教
师，北京美术家协会版画艺术委员会委员。谭坦是
年轻一代颇受关注的艺术家，作品曾被武汉美术馆、
中国版画博物馆及北京时代美术馆收藏。作品涉及油
画、版画、书籍艺术等领域。绘画作品色彩直率、用
笔大胆，以平面化的分割手法表达浓烈的个人情绪。

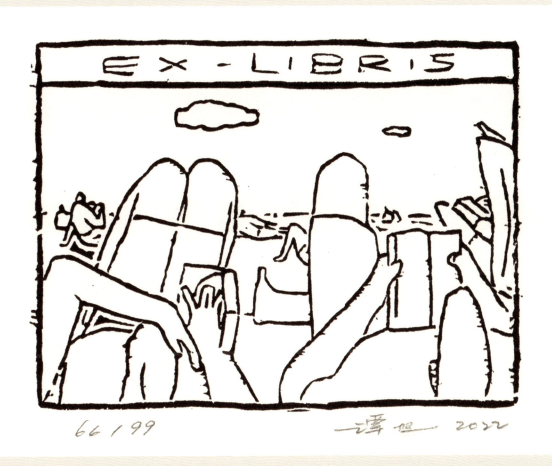

66 / 99   譚坦 2022

版画的技法种类

传统版画按照技法分为五类：孔版印刷、凸版印刷、凹版印刷，平版印刷和综合版印刷。

孔版印刷

孔版印刷是通过施加一定的压力使印墨透过有形状的漏孔形成图像，其法语词为"pochoir"，指的就是最直接的工艺，是用手工剪切而成的纸或薄塑料做模版，用硬刮板将印墨刮漏过模版上的孔印制到纸上。现代版本的孔版在喷漆涂鸦中也广泛运用。

丝网版是孔版印刷的一种。丝网版画的印刷法是将制好孔版的网纱承印面（即网纱朝下的面）与纸贴近，然后在其刮印面（即网纱向上的面）上倾倒液态颜料，再用刮板将颜料刮过去，颜料透过有孔的地方印在下面的纸上。刮板是一条镶木把手的橡胶板。

印网版画的颜料有油质与水性两类，依所印材料而选用。丝网技术在轻工业部门应用甚广，纺织品、玻璃器、皮革、陶瓷、塑料等用品上的花纹，多是用丝网印制。油质丝网版画的颜料用松节油调稀油画颜料即可，水性丝网版画的颜料则是水粉或者丙烯颜料。印完的尼龙网用氢氧化钠将上面的胶膜洗净再用。

凸版印刷

使用图文部分凸起的印版进行的印刷简称凸印，它是历史最悠久的版画工艺之一。中国唐代初年发明的雕版印刷技术就是把文字或图像雕刻在木板上，剔除非图文部分使图文凸出，然后涂墨覆纸刷印，是最原始的凸版印刷。

凸版大多数时候是同木刻和麻胶版等联系在一起。图像效果往往具有高对比性，墨层一般较平，未印过的地方会形成轻微的凹陷，有的印师会加强这种凹凸感来强化印痕。

木刻版画是最具代表性的凸版版画，是一门集绘画、刻板、印刷为一体的综合绘画艺术。它是采用不同类型的刻刀，在木板上刻、切、铲、凿、划，再在留下的凸版上滚以油质或涂以水性颜料拓印于纸上。

水印版画则是世界上现存有确切纪年、最古老的木刻版画。拓印是水印版画的关键，需要均匀地将纸喷湿，并在印制过程中保持一定湿度，用笔刷蘸上水性颜料涂刷在需要印制的木刻纹理上，将纸覆于版上，用马莲按压摩擦，使版上的颜料吸附并渗入纸张，通过控制纸张的干湿及水墨的浓淡，印制出虚实丰富、润泽透明的效果，极具东方水墨情趣。在以油印为主的各类版画中，水印版画独树一帜。

凹版印刷

凹版版画与凸版相反。凸版直接将印墨刷在版面上，而凹版则是将印墨刮在印版的凹线和凹槽里。将浸湿的纸放在印版上，印刷机运行时将印版凹线和凹槽里的印墨压到纸上，以此完成版画的印刷。在完成的版画中，墨层停留在纸张表面，留下雕塑般的印痕，这往往是凹版版画最迷人的属性之一。

传统凹版是同金属版联系在一起，所用版基材料有铜版、钢版、照相凹版、电子雕刻凹版、激光雕刻凹版等。图像需在版面上雕刻或蚀刻而成。传统凹版制版工艺分两类：直接工艺，包括线雕和干刻；蚀刻，用酸液来创作图像，它包括了线蚀法和能制作肌理效果的软蜡腐蚀法，以及细点腐蚀法。

平版印刷

平版是指图文与空白部分几乎处于同一平面的印版。它的版基材料有石版、金属版、玻璃、纸平版等等。平版画制作遵循简单的水油相斥原理，其代表是石版画。早期平版画是用油性墨在石板或者锌、铅、铝等金属皮上作画，画好之后用阿拉伯特有的酸性树皮提炼出的树胶对印板表面进行处理，利用油水相斥的原理形成印刷区域和非印刷区域。平版画的表面是光滑的，理想情况下，印墨被吸收到了纸张纤维内，之后很难辨认颜色的印刷顺序。

综合版印刷

现代的版画家为了探索更多样的表现形式，有时在一幅版画内，按内容需要同时混用各种类型的版画方法，这种版画称作"综合版画"。例如黑色主版用木刻或铜版印，套色部分用彩色水印，而另一部分用照相丝网版印。现代版画创作的形式丰富多彩，不能用原有的分类限制它的发展。

索引